Nur ein paar Stündchen

Nix wie raus, ganz schnell ins Grüne. Auch mit wenig Zeit lässt sich Großartiges erleben. Kleine und große Abenteuer warten direkt vor der Haustür.

4 H

Raus für einen Tag

Man muss nicht das Land verlassen, um neue Welten zu entdecken. Einfach mal einen Tag lang raus aus dem Alltagsallerlei und rein in die Natur.

12 H

Ferien für ein Wochenende

Warum auf die große Auszeit warten, wenn man einen Wochenendtrip in der Nähe machen kann? Vergnügen, Abenteuer und Wohlgefühl kompakt und intensiv.

36 H

LIEBE LESERIN, LIEBER LESER,

nur wenige wissen, dass südlich von Berlin drei außergewöhnliche und sehr unterschiedliche Kulturlandschaften existieren: der Spreewald mit seiner einmaligen Flusslandschaft, der Fläming mit seinen historischen Gemäuern, wunderbarer Natur und viel Platz für kreative Projekte sowie die Niederlausitz, einst gebeutelt durch den Tagebau, in der heute eine neue Seenlandschaft mit interessanter Industriekultur entsteht. Ob beim Tango im Bahnhof oder Paddeln im Spreewald – diese drei Regionen bieten spannende Unternehmungen, die Lust auf mehr machen.

Viel Spaß beim Entdecken und Erleben wünschen

Inka Gall
Laura Schneider

PS: Informationen zum GPX-Download gibt's auf Seite 224.

AUSZEIT.
ABENTEUER.
LEBENSFREUDE.

1. KAPITEL
ABSTECHER

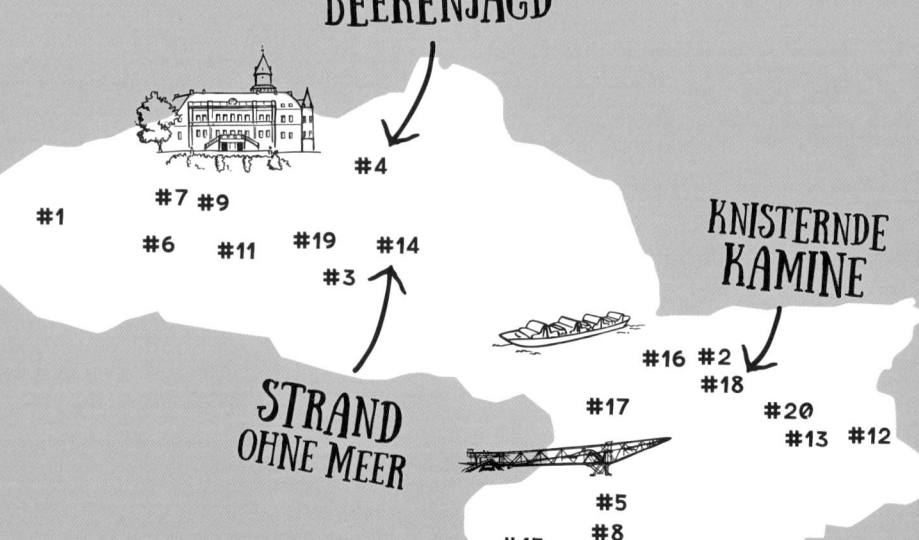

BEERENJAGD

KNISTERNDE
KAMINE

STRAND
OHNE MEER

Nur ein paar Stündchen

Romantische Schlösser entdecken, im Spreewald paddeln gehen oder durch ein verlassenes Kraftwerk streifen - so viele Ideen für die kleine Auszeit.

4H

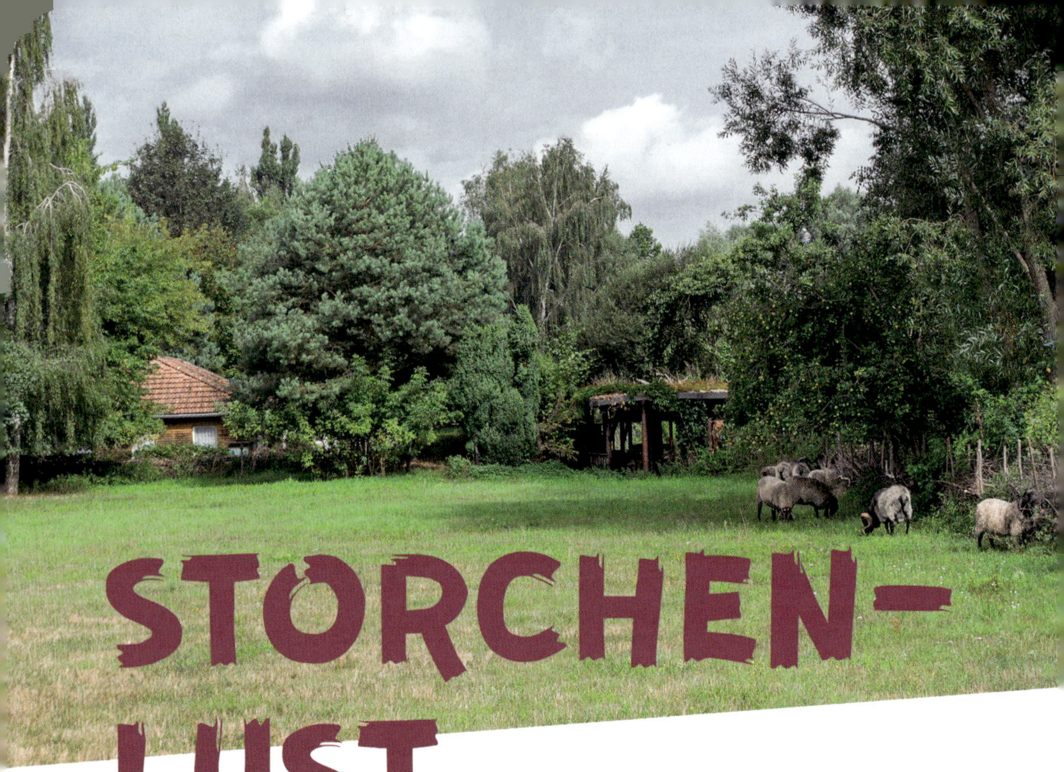

STORCHEN-LUST

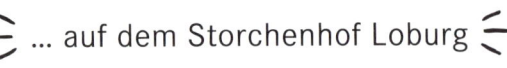

... auf dem Storchenhof Loburg

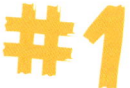

#1 *Im Westen von Sachsen-Anhalt liegt etwas versteckt die Vogelschutzwarte Storchenhof Loburg. Dort finden verletzte Störche ein neues Zuhause. Meist auf Zeit, manchmal für immer. Wer mag, kann bei einer Führung Spannendes über die Bewohner des Hofes erfahren.*

#Naturschutz #Adebar #derNaturganznahe #Fläming

Auf Du und Du mit Adebar: Auf dem Storchenhof Loburg kommt man den beeindruckenden Vögeln ganz nahe.

Der Weißstorch hat es schwer in Deutschland. Von 10 000 Paaren zu Beginn des 20. Jahrhunderts war der Bestand bis 1991 auf unter 3000 Paare gesunken. Inzwischen hat sich die Zahl der Storchenpaare bei 4000 eingependelt. Dieser kleine Teilerfolg beruht unter anderem auf der Arbeit des Storchenhofs Loburg. Verletzte, verwaiste oder kranke Störche werden hier zusammen mit anderen Wildvögeln mit viel Einsatz aufgepäppelt und später, wenn möglich, wieder ausgewildert.

Zwei Störche prangen auf dem Eingangstor der Vogelschutzwarte, das mit leisem Quietschen zur Seite schwenkt, wenn man es öffnet. Am unscheinbaren Haus vorbei geht es auf den Hinterhof. Auf langen Stangen thronen mehrere Storchennester, auf denen Paare brüten. Über die nahe Wiese läuft ein Storch, streckt den Kopf nach oben und beginnt laut zu klappern.

Neben dem großen Nest auf dem Hof, das zur Anschauung dient und in das Kinder hineinklettern können, steht ein Fachwerkhaus. Am besten erst einmal einen Blick hineinwerfen und Hallo sagen. Angestellte und Freiwillige

Nur ein paar Meter hinter den Volieren, in denen die verletzten Störche aufgepäppelt werden, geht es herrlich wild zu. Mit dem Summen der Bienen im Ohr lässt es sich hier vorzüglich entspannen.

führen Besucher gerne über das Gelände, das neben Störchen auch andere Wildvögel und alte Haustierrassen beherbergt. Bei den kurzweiligen Führungen wird viel Interessantes über das Leben und den Schutz von Störchen vermittelt. Die Führungen sind kostenlos, über eine Spende freut man sich sehr.

Der Storchenhof hat das ganze Jahr über täglich geöffnet (Öffnungszeiten unter www.storchenhof-loburg.de). Auch wenn die Vögel bereits Richtung Süden gezogen sind, lohnt sich ein Besuch. Neben vielen selbst gebauten Lernstationen, an denen Kinder ganz spielerisch alles über den Storch erfahren können, leben auf dem Storchenhof auch im Winter vier Störche, die aus unterschiedlichen Gründen nicht mehr fliegen können und so ihr festes Zuhause in Loburg gefunden haben.

> **FAZIT: WER EINMAL DAS KLAPPERN DER STÖRCHE GEHÖRT HAT, WEIB, WIE DER FRÜHLING IM FLÄMING KLINGT.**

Hin & weg: Am besten mit dem Auto. Kostenlose Parkplätze sind gegenüber dem Storchenhof vorhanden. Alternativ mit dem Bus 720 von Magdeburg bis zur Haltestelle Loburg, ehemals Möckern (Sachsen-Anhalt).

Beste Zeit: Ganzjährig, am schönsten von März bis Juni, wenn die Weißstörche brüten.

Dauer: Ca. 1 Std.

Ausrüstung: Etwas Bargeld als Spende für die Führung. Im nahen Barbycafé kann man einkehren.

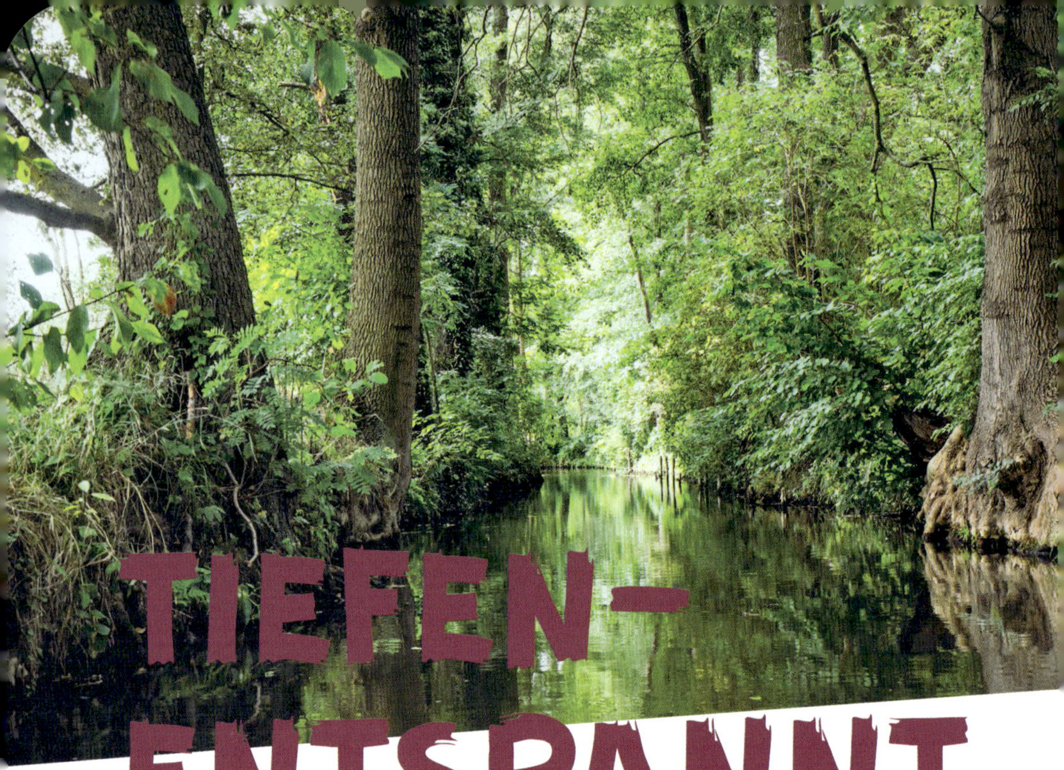

TIEFEN-ENTSPANNT

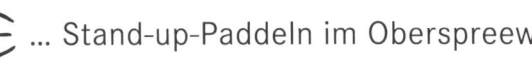

… Stand-up-Paddeln im Oberspreewald

#2

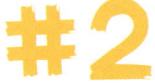

Im Spreewald fährt man nur mit langweiligen Kähnen, und es ist überall überfüllt? Das geht auch anders. Schon bei dieser kurzen Tour taucht man tief in die entspannende Ruhe der Wasserlandschaft ein.

#Flusswanderung #StandupPaddling #sporteln

Mit dem Stand-up-Board geht es auf den Fließen direkt an schönen Blockbohlenhäusern vorbei.

Das überschaubare Gebiet des Spreewaldes, auf Niedersorbisch/Wendisch Błota, Sümpfe, genannt, lockt aufgrund seiner einmaligen Flusslandschaft jährlich Tausende Ausflügler an. Auf dem Leineweberfließ in der Streusiedlung Burg geht es jedoch gemächlich zu. Die Einführung in das sogenannte Suppen dauert nicht lange: ein paarmal auf- und absteigen, bis man den Dreh raus hat und nicht Gefahr läuft hinzufallen. Dabei gilt es, das Paddel möglichst kraftschonend zu nutzen. Wer ein durchschnittliches Körpergefühl hat, sollte mit den Boards keine Probleme haben, sagt Verleiher Martin Fix (www.sup-spree.de).

Wichtig ist ihm das Verhalten im Spreewald: Kähne bitte immer vorlassen und keine fremden Gärten betreten. Tatsächlich wissen viele Gäste nicht, dass die Grundstücke rechts und links der Flüsse, im Spreewald Fließe genannt, zumeist kein Gemeindeland, sondern private Gärten sind. Außerdem: bitte keinen Müll hinterlassen. Ferner sind Schleusen für Stand-up-Paddler tabu, da die Region mit Trockenheit kämpft und durch das Schleusen zu viel Wasser verloren geht. Die Boards sind jedoch leicht und lassen sich einfach tragen.

Für ein paar Minuten kommt Martin noch mit, um Tipps zu geben. Dabei gerät er ins Schwärmen: In der Nebensaison, wenn es hier ruhiger ist, sieht man auch schon mal ein Reh erstaunt die Augen aufreißen, während man nur zwei Meter entfernt leise vorbeigleitet, erzählt er.

Erst mal üben: Stand-up-Paddling sieht schwerer aus, als es ist. Ein paar Minuten Trockenübungen reichen.

Und dann geht es auch schon los zur etwa zweistündigen Tour, die viermal ums Eck geht und wieder beim SUP-Verleih endet. Eine Karte bekommt man auch dazu. Die erste Stunde ist eher zum Üben da, in der zweiten Stunde geht es dann schon ganz leicht.

Das Wasser ist kristallklar, Fische schwimmen um das Board herum, und Muscheln liegen auf dem Grund. Nach wenigen Metern umschließt der Wald das Fließ, das Paddel taucht leise ins Wasser ein. Die Ruhe, die sanfte Fortbewegung und die Konzentration auf Paddel und

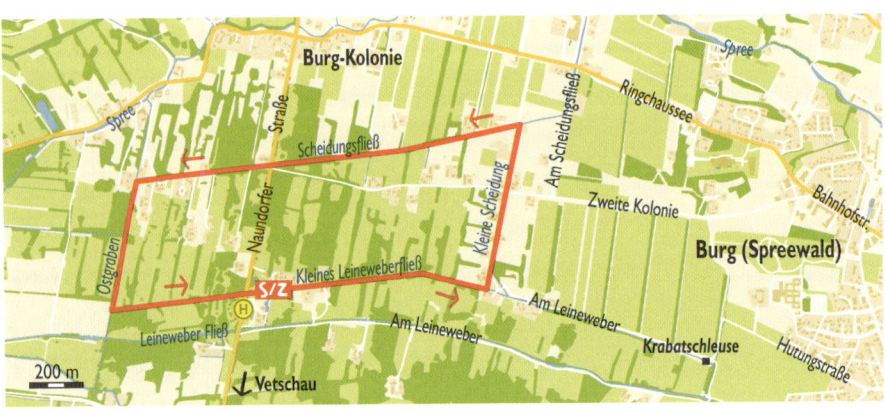

Hinein ins tiefe Grün des Spreewaldes. Die wenig scheuen Nutria lassen sich hier gerne mal blicken.

Board führen in kürzester Zeit zu einer seltsamen Tiefenentspannung.

Kurz vor der Krabatschleuse sitzt ein Nutria – für Ungeübte leicht mit einem Biber zu verwechseln – seelenruhig am Ufer und knabbert nur einen Meter entfernt an einem Ast.

Schnell ist das Board umgesetzt, und weiter geht es nun nach links in die Zweite Kolonie hinein. Zwischen dem Grün stehen einige ältere Spreewaldhäuser mit den hölzernen Schlangenköpfen am Giebel, die der Sage nach Glück bringen sollen: Schlangen zeigten einst den Einheimischen drohendes Hochwasser an, wenn sie sich auf die höher gelegenen Inseln, die Kaupen, zurückzogen.

Immer schön den Kähnen ausweichen, Grüßen nicht vergessen!

Noch zweimal nach links, schon liegt das Leineweberfließ wieder linker Hand, und die letzten Meter sind erreicht. Schade.

> **FAZIT: PADDELN MAL ANDERS, MIT EINEM HANG ZUM MEDITATIVEN.**

Hin & weg: Startpunkt Naundorfer Str. 17, 03096 Burg. Vom Bahnhof Vetschau sind es 6 km mit dem Fahrrad, der Bus 38 fährt vom Bahnhof Vetschau zur Haltestelle Naundorfer Straße. Von hier aus sind es nur 5 Min. zu Fuß.

Beste Zeit: Frühling bis Herbst, besser in der Nebensaison.

Dauer & Strecke: 2 Std., 5 km.

Ausrüstung: Wasserdichte Handyhülle und sicherheitshalber Wechselklamotten. Einen wasserdichten Packsack gibt es auf Wunsch vor Ort.

IM SPERR-GEBIET

≥ ... unterwegs von Altes Lager nach Jüterbog ≤

#3

Dort, wo früher nur Auserwählte einen Fuß hinter den Absperrzaun setzen durften und Fluglärm zur täglichen Geräuschkulisse gehörte, kann man heute auf einer ungewöhnlichen Strecke skaten. Auf dem S11 der Flaeming-Skate rollt man über das ehemalige Militärgelände von Altes Lager nach Jüterbog.

#skaten #Militärgeschichte #historischeOrte #Fläming

tigsten Militärbasen der UdSSR in Deutschland. Schießlärm, die ständigen Übungen der Truppenluftabwehr und die riesigen Sperrflächen, zu denen nur wenige Auserwählte Zugang hatten, sind nur einige der Gründe, warum die unfreiwillige Nachbarschaft schnell zur Belastung für die Brandenburger wurde. Groß waren die Freude und Erleichterung, als 1990 feststand, dass die sowjetischen Truppen das wiedervereinigte Deutschland verlassen würden.

Heute leben gut 1600 Menschen in dem Dorf mit dem seltsamen Namen. Die alten Militärflächen und Gebäude liegen im Dornröschenschlaf. Nur Weniges wird neu genutzt, so erobert sich die Natur nach und nach das Gelände zurück. Schilder weisen darauf hin, dass viele Flächen kontaminiert und mit Munition belastet sind. Die gekennzeichneten Wege sollten auf keinen Fall verlassen werden.

Gestartet wird am Bahnhof Altes Lager. Kaum zu glauben, dass hier zu DDR-Zeiten bis zu 40 000 sowjetische Soldaten in angrenzenden Kasernen dicht an dicht mit der Dorfgemeinschaft wohnten. Jüterbog und die umliegenden Gemeinden waren für Jahrzehnte eine der wich-

Nach einem Abstecher zum Eiscafé Mischka geht es mit Inlineskates, dem Rad oder zu Fuß auf die Strecke 11 der Flaeming-Skate, die an der Kreuzung Treuenbrietzener Straße/Kastanienallee beginnt. Ein Großteil führt durch das ehemalige Sperrgebiet. Vorbei am Kulturzentrum Das HAUS, wo man am Infopunkt

Für einen Besuch des Shelters Albrecht sollte unbedingt genug Zeit mitgebracht werden, denn die teils kuriose Sammlung ist riesig.

Material erhält, erreicht man den Flugplatz. Die riesige Fläche wird heute teilweise von Drachenfliegern und einer Kartbahn genutzt. Im Shelter Albrecht sieht man, wie aus einem der ehemaligen Unterstände für eine MIG 23 ein kreatives Wohnhaus wurde. Hier trifft Kunst und Historisches aufeinander. Besonders spannend sind die Führungen mit dem Eigentümer Helmut Stark.

Nach anderthalb Kilometern trifft die S 11 auf den Rundweg 4, dem man nach links folgt. Der Weg führt vorbei am alten Wasserturm. Er wird gesäumt von Ruinen, die von der Militärgeschichte Jüterbogs zeugen. Verfallene Häuser und abgesperrte Flächen wechseln sich mit sanierten Gebäuden ab, bevor man über die Tauentzienstraße, die Schmidtstraße und den Gartenweg den Bahnhof Jüterbog in der Bergstraße erreicht.

Wer noch Kraft hat und sich weiterhin fit fühlt, bleibt auf dem Rundkurs 4. Mit 43 Kilometer Länge führt der Marathonrundkurs weiter durch idyllische Flämingdörfer, die alle einen Besuch wert sind.

FAZIT: DIE PERFEKTE STRECKE FÜR ALLE, DIE SICH AM MORBIDEN CHARME VERGANGENER ZEITEN ERFREUEN.

Hin & weg: Mit dem RB33 von Berlin-Wannsee nach Altes Lager, zurück vom Bahnhof Jüterbog mit dem RE3 nach Berlin-Hauptbahnhof.

Beste Zeit: Ganzjährig schön.

Dauer & Strecke: 2–3 Std., 11 km.

Ausrüstung: Proviant für unterwegs, Fahrrad oder Inlineskates.

AUF BEERENJAGD

⟩ … im Syringhof ⟨

#4

Es ist später Frühling. Die Sonne scheint, und die Heidelbeersträucher biegen sich unter der Last der dicken, blauen Beeren. Mit einem Körbchen geht es durch die Felder des Syringhofs. Hier darf selbst gepflückt werden. Das Beste daran? Naschen ist erlaubt!

Im Syringhof kann man blaues Glück im Körbchen sammeln. Beim Pflücken der Blaubeeren und (ganz wichtig) beim ausgiebigen Naschen bekommt jeder gute Laune.

Von der Bushaltestelle Zauchwitz, Friedhof läuft man Richtung Kreisverkehr und biegt dort nach rechts ab. Wer sich an den Sonnenblumenfeldern sattgesehen hat, erreicht wenige Augenblicke später den Syringhof. In den Neunzigern wurde der Hof als kleiner, traditioneller Landwirtschaftsbetrieb gegründet. Die typisch Fläminger Kreativität scheint auch an Thomas Syring, der den Betrieb von seinem Vater übernommen hat, nicht vorbeigegangen zu sein. Er beschloss, als erster Brandenburger Landwirt den steirischen Ölkürbis anzubauen und selbst Kürbiskernöl zu produzieren. Mit Erfolg. Denn heute zählt der Hof zu einem der größten Kürbiskernanbaubetriebe in Deutschland. Davon zeugen auch die unzähligen dicken Kürbisse, die im Herbst die weiten Felder rund um den Hof in ein orangefarbenes Meer verwandeln.

Doch auch außerhalb der Kürbiszeit lohnt sich ein Besuch. Los geht es im Frühling mit Spargel und Schnittblumen, später folgen Heidelbeeren, die selbst gepflückt werden können.

Einfach im Hofladen ein Körbchen abholen und dann ab ins Feld. In der Mittagssonne glänzen die Heidelbeeren um die Wette. Dick und dunkelblau hängen sie an den Sträuchern. Schwups, verschwindet die erste im Mund. Schnell nehmen die Finger die Farbe der Beeren an, während sich der Korb (und der Bauch) füllt. Naschen gehört hier dazu.

Wer nach dem Sammeln noch hungrig ist, sollte unbedingt das Vanilleeis mit dem hauseigenen Kürbiskernöl im Hofrestaurant probieren. Das grüne Öl wird aus gerösteten Kürbiskernen gepresst und schmeckt nussig. Draußen laden

Tische zu einer Pause mit Blick auf die putzigen Hängebauchschweine ein.

Wer mag, stöbert zum Abschluss noch einmal in Ruhe im Hofladen. Das Kürbiskernöl und die gerösteten Kürbiskerne (besonders lecker mit Schokolade und Chili!) sind tolle (und schmackhafte) Mitbringsel.

FAZIT: EIN WUNDERBARER AUSFLUG FÜR NASCHKATZEN.

Hin und weg: Von Berlin-Hauptbahnhof mit dem RE7 nach Michendorf, weiter mit Bus 608 nach Zauchwitz, Friedhof.

Beste Zeit: Im Frühling locken Spargel und Heidelbeeren, im Herbst die Kürbisse, Öffnungszeiten unter www.syringhof.de

Dauer: Ca. 1 Std.

Ausrüstung: Eine Kopfbedeckung bei Sonnenschein, feste Schuhe.

LIEGENDER EIFFELTURM

≥ ... auf die Abraumförderbrücke F60 ≤

#5

Wer meint, Industriekultur könne nur das Ruhrgebiet, war noch nicht auf der F60. Die Abraumförderbrücke mit dem etwas sperrigen Namen wird auch liebevoll »liegender Eiffelturm« genannt und ist die größte bewegliche Maschine der Welt. Heute kann die stillgelegte Stahlkonstruktion bestiegen werden.

Achtung, nur für Mutige! 74 Meter hoch liegt die Aussichtsplattform, die innerhalb einer Führung erwandert werden kann. »So zwei bis drei Leute geben eigentlich jedes Mal auf«, erzählt der Tourführer, der einst hier auf dieser Maschine gearbeitet hat und nun die Konstruktion beim Aufstieg in allen Einzelheiten erklärt.

Die F60, benannt nach der Höhe, die sie überwindet – 30 Meter ins Erdreich, 30 Meter nach oben –, beförderte in den 1990er Jahren die Erde, den sogenannten Abraum, aus dem Tagebau zur Halde, um den Weg für die darunterliegende Braunkohle frei zu machen. In Betrieb war sie gerade einmal ein Jahr, dann kam die energiepolitische Wende und damit das Aus für die 11 000 Tonnen schwere Stahlmaschine.

Seit 2002 kann die 502 Meter lange Konstruktion bis zur Besucherterrasse bestiegen wer-

den. Ein Helm ist Pflicht, so kommt das echte Bergmannsgefühl ganz schnell auf. Über steile Leitern und über Schräggitter, die den schwindelnden Blick nach unten freigeben, geht es höher und höher. Wem ein bisschen schummrig wird, der schaut am besten in die sich ausbreitende Landschaft, dann geht es besser. Der Anblick der verrückten Basejumper, die sich hier regelmäßig in die Tiefe stürzen, könnte allerdings zu einigen Schmetterlingen im Bauch führen.

Oben angekommen, bietet sich ein fantastischer Panoramablick auf das mittlerweile begrünte Umland und den Bergheider See, der aus der Flutung des Tagebaus entstanden ist und mit seinem Namen an das frühere Dorf erinnert. Auf dem See sind mittlerweile alle muskelbetriebenen Wassersportarten erlaubt, und auch Kajaks können ausgeliehen werden.

»Glück auf« begrüßt die Rezeption bergmannsgerecht. Die Größe der F60 ist hier kaum zu erfassen, erst beim Besteigen wird einem die Höhe bewusst.

Am besten schaut man sich vorher im Infozentrum die Ausstellung und den Film im hintersten Raum an. Neben einem DDR-Werbefilm zum Tagebau wird hier die Funktion der F60 erklärt, was auf der Tour hilfreich sein könnte.

Wer die F60 auf ganz besondere Weise erleben will, dem sei empfohlen, zu einer der Licht- und Klangveranstaltungen zu kommen, die während der Sommermonate regelmäßig angeboten werden.

FAZIT: INDUSTRIEKULTUR MIT SCHMETTERLINGEN IM BAUCH.

Hin & weg: Bergheider Str. 4, 03238 Lichterfeld-Schacksdorf. Anfahrt mit öffentlichen Verkehrsmitteln über Finsterwalde und den Rufbus 558 oder ab Finsterwalde 8,5 km mit dem Fahrrad. www.f60.de

Beste Zeit: Ganzjährig, die Aussicht ist allerdings im Frühjahr und Sommer besonders schön.

Dauer: 2 Std.

Ausrüstung: Rucksack, denn beim Aufstieg hat man die Hände besser zum Festhalten frei.

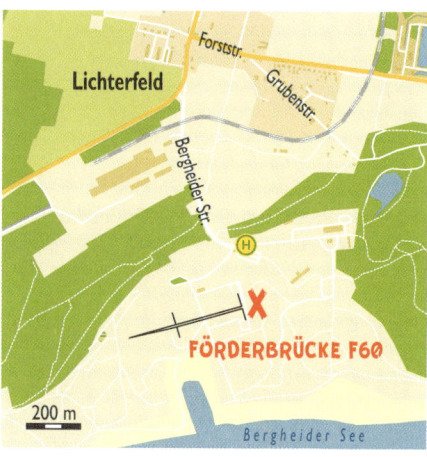

IM MÄRCHENLAND

... im Schlosspark Wiesenburg

Ein Schloss, eine Schwanenfamilie, die ihre Runden über den See zieht, dazwischen Wildblumenwiesen und eine Bank, auf der man mit einem Gläschen Wein anstößt. Eine schönere Kulisse als in Wiesenburg kann man sich für ein Picknick kaum vorstellen.

#WieinEngland #Romantik #Picknick #Fläming

Die verschlungenen
Pfade des Schlossparks
laden zum Lustwandeln
und Träumen ein.

Vom Startpunkt am Bahnhof Wiesenburg, der etwas außerhalb vom Dorf liegt, läuft man nach Südwesten über den Schotterweg. Nach 450 Metern links halten und kurz darauf wieder links abbiegen. Der Weg führt nun durch den dichten Mischwald immer geradeaus. Die vielen alten Bäume spenden auch im Sommer ausreichend Schatten. Nach knapp 20 Minuten Fußmarsch tauchen die ersten Häuser von Wiesenburg auf. Dem Weg bis auf Höhe des Parkplatzes folgen, dann rechts in den Schlosspark abbiegen.

Über geschwungene Pfade geht es kreuz und quer durch den großen Park. Am besten einfach drauflosbummeln. An dem weithin sichtbaren Schlossturm kann man sich dabei wunderbar orientieren.

Dem Schlossherrn Curt Friedrich Ernst von Watzdorf und seiner Reiselust ist es zu verdanken, dass der Schlosspark heute als wichtigstes Gartendenkmal zwischen Potsdam und Dessau gilt. Von den englischen Gärten beeindruckt, widmete er sich mit vollem Herzen der Gestaltung seines Landschaftsparks. Davon zeugen auch die vielen Sichtachsen, die immer wieder den Blick auf das Barockschloss freigeben. Es wundert kaum, dass in dieser zauberhaften Kulisse mehrere Märchenfilme gedreht wurden.

Besonders schön ist der Spazierweg rund um den Schlossteich, in dem sich das hübsche Schloss spiegelt und in dessen Mitte eine entzückende Fontäne aufsteigt.

Im Frühling tauchen Tausende Narzissen die Wiesen in sattes Gelb, später durchziehen die üppig blühenden Rhododendronbüsche den Landschaftspark wie bunte Farbkleckse. Im Herbst, wenn die Bäume in Gelb, Orange und Rot strahlen und der Nebel durch den Park zieht, ist die Stimmung besonders mystisch.

Rund um die Wildblumenwiesen, die nicht betreten werden dürfen, laden viele Bänke zu ausgedehnten Pausen ein. Unbedingt ein paar Köstlichkeiten einpacken und hier mit Schlossblick picknicken.

![Die schräge Skulptur »(K)uier(en)« der belgischen Künstlerin Silke De Bolle gehört zum Internationalen Kunstwanderweg und ist am Dorfrand von Wiesenburg zu finden.]

Die schräge Skulptur »(K)uier(en)« der belgischen Künstlerin Silke De Bolle gehört zum Internationalen Kunstwanderweg und ist am Dorfrand von Wiesenburg zu finden.

Übrigens: Das Dörfchen Wiesenburg mit seinen hübsch restaurierten Häusern und den verrückten Kuheutern, die zum internationalen Kunstwanderweg gehören, ist nur einen Katzensprung entfernt. Hierhin lohnt sich ein kleiner Abstecher.

FAZIT: PICKNICK IM MÄRCHENLAND – ROMANTISCHER GEHT ES KAUM.

Hin & weg: Ab Berlin-Hauptbahnhof mit dem RE7 bis Wiesenburg/Mark.

Beste Zeit: Ganzjährig schön, im Frühling blühen die Narzissen und später der Rhododendron, der Sommer ist perfekt für ein Picknick, im Herbst und Winter ist der Park herrlich mystisch.

Dauer & Strecke: 3 Std. inklusive Picknick, vom Bahnhof zum Schloss und zurück zusammen 6 km.

Ausrüstung: Decke und etwas für ein Picknick.

BIO-GUT, ALLES GUT

> ... Landlust in Schmerwitz erleben

#7 *Es ist ein heißer Tag im Frühling, die Sonne strahlt vom Himmel, auf den Weiden toben Lämmer, und es duftet verlockend nach Kuchen und Kaffee. Im Bio-Gut Schmerwitz lässt sich Landwirtschaft in ihrer schönsten Form erleben. Der perfekte Ausflug für alle, die der Hektik des Alltags entkommen möchten.*

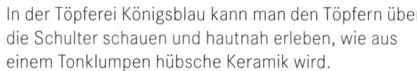

Entlang des Weges summt und brummt es emsig. Mohn und Kornblumen gehören zu den vielen Pflanzen, die bunte Farbtupfer in das goldene Feld zaubern. Die Blumen gedeihen auf Flächen, die nicht mit chemischen Düngern oder Pestiziden behandelt wurden. Auf dem Landgut Schmerwitz (www.gut-schmerwitz.de) wird heute nach den Richtlinien des Bioland-Verbandes gearbeitet. Das kommt nicht nur dem Getreide und dem Boden, sondern auch den vielen Bodenlebewesen zugute.

Im Frühling tollen die Lämmer der Merinoschafe über die saftig grünen Wiesen, während ein paar Meter weiter die Hühner in der Sonne gackern.

Wie in Wellen bewegt sich das Korn sanft im Wind. Die leichte Sommerbrise sorgt für eine herrliche, angenehme Abkühlung, während man durch die leicht hügeligen Felder rund um Schmerwitz läuft. Immer wieder spenden große Obstbäume mit ausladenden Ästen Schatten. Ursprünglich wurden sie als Snacklieferant für die Feldarbeiter gepflanzt, heute können sich hungrige Wanderer im Spätsommer mit dem Fallobst stärken. Gut Schmerwitz blickt auf eine lange Geschichte zurück. Einst wurde es als herrschaftliches Gut betrieben. Von dieser Zeit zeugt heutzutage auch noch das Schloss Schmerwitz, welches sich allerdings momentan im Dornröschenschlaf befindet. Zu DDR-Zeiten war das Gut ein Volkseigener Betrieb, später wurde es zur Heimat einer Suchthilfeorganisation.

Wer mag, deckt sich im Hofladen mit hofeigenen oder regionalen Produkten wie frischem Obst, Nudeln, Getreide, Lamm, Wurst vom Schwein und Säften ein oder besucht das wunderschöne Töpfercafé. Man munkelt, dass es hier die beste Schokoladentorte gibt. Besonders empfehlenswert ist auch der Brunch, der hier jeden zweiten Sonntag angeboten wird. Das Töpfercafé wird genau wie die Töpferei Königsblau Keramik von der Suchthilfe Skarabäus Hoher Fläming e. V. betrieben.

Fern der Großstadthektik kann man in Schmerwitz das Landleben in seiner schönsten Form genießen. Wer dabei großes Brimborium erwartet, ist in Schmerwitz jedoch am falschen Ort. Gäste erleben hier authentische Landwirtschaft zum Anfassen und finden ganz viel Platz für Ruhe und Entspannung.

Leckereien vom Brunchbüfett im Töpfercafé, warmer Sonnenschein und gute Gesellschaft am Tisch: Wie könnte ein Sonntag schöner starten?

Hin & weg: Von Berlin-Hauptbahnhof mit dem RE7 nach Bad Belzig, weiter per Bus 588 nach Schmerwitz, alternativ mit dem RE7 nach Wiesenburg/Mark und 8 km über den Kunstwanderweg nach Schmerwitz wandern.

Beste Zeit: Im Frühling zum Lämmergucken.

Dauer: 2 Std. oder länger, möchte man noch im Hofladen stöbern oder im Töpfercafé einkehren.

Ausrüstung: Proviant für alle, die nicht im Töpfercafé einkehren möchten, einen Sonnenhut und Sonnencreme.

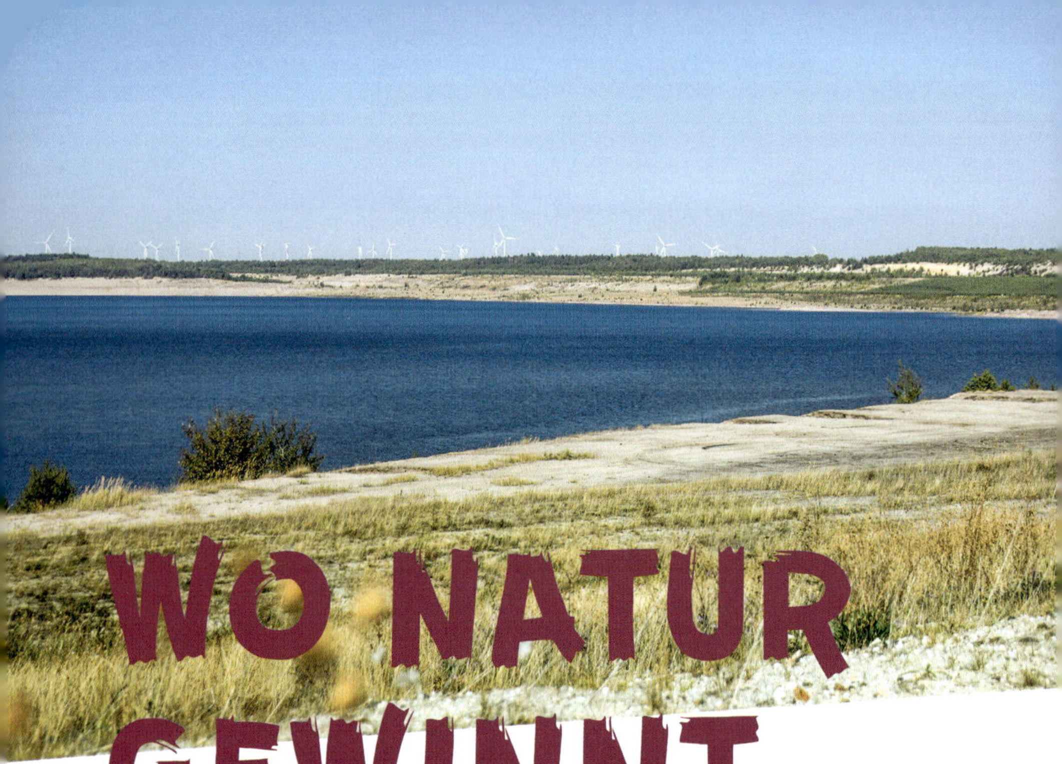

WO NATUR GEWINNT

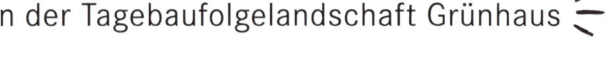

... in der Tagebaufolgelandschaft Grünhaus

#8

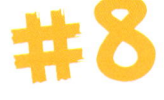

Wer erleben möchte, wie sich nach einem Tagebau die Natur fast ohne menschlichen Einfluss entwickelt, fährt am besten ins Schutzgebiet Grünhaus. Zwischen Mondlandschaft und Naturparadies – ein lehrreicher Sommerausflug.

#Neuland #Niederlausitz #Seenlandschaft

Das Regenwasser hat ganze Canyons in den trockenen Boden gegraben. Erste Nadelhölzer siedeln sich an.

→ ABSTECHER ...

An warmen Sommertagen gleicht die Erde in Grünhaus fast einer Wüste. Kein Wunder: Eine Humusschicht gibt es hier nicht, der Sandboden wurde vom einstigen Tagebau tief aus der Erde geholt und ist nun schutzlos Wind, Wasser und Hitze ausgesetzt.

Das Gebiet wird von zwei Wanderwegen durchzogen. Start ist, von Finsterwalde kommend, am ersten Parkplatz rechts der L60 nach dem Bergheider See. Einem Schild kann man interessante Informationen über das Areal entnehmen. Durch den Wiederanstieg des Grundwasserspiegels nach dem Tagebau ist mittlerweile eine kleine Seenlandschaft

entstanden, nach der Grundsanierung durch die Bergbau-Verwaltungsgesellschaft (LMBV) kümmert sich seit 2006 der Naturschutzbund um die entstehende Naturlandschaft.

Geradeaus geht es auf einem Sandweg an der Seeteichsenke vorbei zum Heidesee. In der Ferne flimmert die Förderbrücke F60, Insekten laben sich an den wenigen Pflanzen. Aufgrund der Umwälzungen des Bodensandes sowie der Minerale, die durch den Anstieg des Grundwassers herausgeschwemmt werden und mit Sauerstoff reagieren, sind Boden und Wasser sauer – ein generelles Problem in der Niederlausitz.

Was so lebensfeindlich klingt, ist ein willkommener Lebensraum für seltene Tierarten, zum Beispiel den Sandohrwurm, die Sandschrecke, verschiedene Libellen, Schmetterlinge und Wildbienen, Kreuzkröten und Ringelnattern sowie seltene Vogelarten. Obwohl in den Gewässern keine Fische leben, brüten hier bereits Graugänse, und der Graue Kranich findet auf seinem Herbstzug nach Süden im flachen Gewässer einen guten Rastplatz.

Der Weg führt bis zum Aussichtspunkt auf die ehemalige Hochkippe. Eigentlich schade, dass man hier nicht baden darf, denn das Wasser sieht verlockend aus. Unbedingt die »Betreten Verboten«-Schilder beachten, denn es handelt sich hierbei nicht nur um Schutzmaßnahmen für die Natur, sondern auch für Leib und Leben, weil die lose aufgeschütteten Böden vielerorts noch unbefestigt sind und ins Rutschen geraten oder durch Luftlöcher zusammenfallen können.

Nun geht es wieder zurück. Wer mag, kann auch den Heidesee komplett umrunden. Zurück am Parkplatz, 500 Meter die Straße nach Süden entlang und am zweiten Parkplatz links der L60 halten.

Von hier aus geht's zu Fuß weiter ins Mainzer Land, benannt nach Mainzer Bürgern, die das Naturareal unterstützen. Insbesondere der Ausblick in die ehemalige Innenkippe mit den vielen kleinen Canyons ist sehr spannend, Trockenheit und Regenwasser haben auf dem schutzlosen Boden ihre Spuren hinterlassen.

Verlockend sieht das blaue Wasser des Heidesees aus, doch die Ufer sind auch zum eigenen Schutz Sperrzone, weil der unbefestigte Boden jederzeit abrutschen kann.

Mittlerweile haben sich trotz des sauren Bodens viele Pflanzen angesiedelt, etwa die Rispen-Flockenblume, der Natternkopf, das Gipskraut und die Sandstrohblume.

Nach dem Ausguck geht es wieder auf gleichem Weg zurück zum Parkplatz.

Hin & weg: Startpunkt Lichterfeld, 03238 Finsterwalde, Koordinaten 51°33'47.7"N 13°46'30.6"E. Anfahrt besser mit dem Auto, theoretisch auch ab Finsterwalde 10 km über die Fliegerstraße per Fahrrad. Infos unter www.naturerbe.nabu.de

Beste Zeit: Für das Wüstengefühl sollte man im Sommer kommen.

Dauer & Strecke: 2 Std., 7 km.

Ausrüstung: Verpflegung und genügend Wasser, Mückenschutz.

FAZIT: WÜSTENGEFÜHL IN DER LAUSITZ.

DER BERG RUFT

 ... Yoga auf dem Hagelberg

Bergsteigen in Brandenburg? Das ist auch für Flachlandtiroler kein Problem. An einem warmen Sommerabend ist der gut 200 Meter hohe Hagelberg der perfekte Ort für Sonnenanbeter und ausgedehnte Yogapausen mit Weitblick.

Der von der Sonne gewärmte Boden ist der perfekte Ort zum Abschalten und Genießen. Bis auf den Gesang der unzähligen Vögel ist es auf dem Hagelberg wunderbar ruhig.

Los geht's an der Haltestelle Hagelberg-Ortsmitte. Das Dörfchen besteht nur aus wenigen Häusern. Es gibt kaum Durchgangsverkehr. So hört man am Abend oft nicht viel mehr als Vogelgezwitscher. Mit der Yogamatte unterm Arm der Dorfstraße in Richtung Schmerwitz folgen und nach 100 Metern rechts in den Feldweg abbiegen. Automatisch passt sich der Schritt der Ruhe der Landschaft an. Hier ist kein Platz für Hektik. Der Puls fährt runter, und innere Ruhe stellt sich ein.

Gut, dass auch der Aufstieg auf den Hagelberg keinen Schweiß kosten wird. Ein paar Meter läuft man auf dem von Büschen gesäumten Pfad nach oben, bevor sich die Aussicht auf die weite Landschaft des Hohen Flämings öffnet. Im warmen Licht des Abends streift der Blick über Kornfelder, Bäume und Sträucher.

Rundherum wachsen Wildblumen, die von emsigen Bienen angeflogen werden.

Unbedingt in den Briefkasten am Gipfelkreuz gucken. Hier versteckt sich das Gipfelbuch (ja, auch das gibt es hier), in das man sich gerne eintragen kann.

»201 Meter ü. N. N.« steht auf dem Gipfelkreuz geschrieben. In Wahrheit sind es jedoch nur 200,24 Meter, wie eine moderne Satellitenmessung gezeigt hat. Damit hat der Hagelberg seinen Status als höchster Berg Brandenburgs knapp an den Kutschberg in der Oberlausitz verloren. Kurzzeitig gab es sogar Überlegungen, den Hagelberg aufzuschütten. Das steht inzwischen nicht mehr zur Debatte. Die Menschen hier in der Region fühlen sich trotzdem als höchstlebende Brandenburger.

Ein genauer Blick lohnt sich. Auf den ohne Pestizide bewirtschafteten Wiesen und Feldern tummeln sich Schmetterlinge und Insekten.

An lauschigen Sommerabenden kann man hier oben den Tag perfekt mit Yoga ausklingen lassen. Ein entspannteres Tagesende ist kaum vorstellbar. Während sich das Blau des Himmels langsam in zartes Pastell verwandelt und die Amsel ihr Lied anstimmt, lässt es sich wunderbar meditieren. Nur selten teilt man sich den Ort mit ein paar Einheimischen, von denen einige auch gerne hierherkommen, um dem Alltagsstress zu entfliehen und bei einem Glas Wein die Ruhe zu genießen. Die Stimmung ist entspannt. Man sitzt zusammen im warmen Gras, unterhält sich über Gott und die Welt oder genießt in einvernehmlichem Schweigen den Sonnenuntergang.

Wer nicht mit dem Auto hierhergekommen ist, verlässt am besten noch vor Sonnenuntergang den Hagelberg, denn am Abend fährt kein Bus mehr, und der nächste Bahnhof befindet sich sechs Kilometer entfernt in Bad Belzig.

FAZIT: ES KOMMT NICHT IMMER AUF DIE GRÖßE AN.

Hin & weg: Am besten mit dem Auto, alternativ fährt der RE7 von Berlin-Hauptbahnhof in 1 Std. nach Bad Belzig, weiter mit dem Bus 588 bis Haltestelle Hagelberg-Ortsmitte (fährt nur bis zum Nachmittag), zurück ab Bahnhof Bad Belzig.

Beste Zeit: An einem warmen Sommerabend.

Dauer: 1–2 Std.

Ausrüstung: Picknickdecke oder Yogamatte, Proviant, Fernglas, um die Rehe auf den Feldern zu beobachten.

KOHLENRUß UND EISENROST

∋ ... im Erlebnis-Kraftwerk Plessa ∈

Das Kraftwerk Plessa ist eines der ältesten Braunkohlekraftwerke Europas. Ein Glück, dass es nach seiner Stilllegung im Jahr 1992 nicht abgerissen, sondern erhalten wurde, denn heute kann man für wenige Euro Führungen durch die langsam verfallenen Gemäuer machen. Eine spannende Tour in die Vergangenheit der Kohleindustrie.

Der ehemalige Kontrollraum des Kraftwerkes lässt 007-Gefühle aufkommen. Um den Erhalt kümmert sich heute die Gemeinde selbst.

Es ist nicht viel los in Plessa, seitdem das Kraftwerk abgeschaltet wurde. Die beiden über 100 Meter hohen Schornsteine des Kraftwerkes sieht man bereits von Weitem. Im Pförtnerhaus am Tor sitzt die einzig verbliebene Angestellte und wartet auf Gäste, denen sie den alten Betrieb zeigen kann. Ist Kundschaft da, wird ein Zettel aufgehängt, man solle bitte warten. Das kann dauern, denn eine Führung nimmt gut und gerne 1–2 Stunden in Anspruch – je nachdem, wie interessiert nachgefragt wird.

Los geht es im Außenbunker, wo die Rohkohle gebrochen und mit großen Schaufeln mehrere Stockwerke nach oben transportiert wurde. Recht dunkel ist es, die Maschinen sind verrostet, der Ruß von einst hängt über der ganzen Anlage und taucht die Räume in geheimnisvolles, düsteres Licht. Auf einer verrosteten Eisentreppe geht es hinauf.

Manchmal, erzählt die Angestellte, waren sie zu faul, um zur Mittagspause nach unten zu klettern, also haben die Kumpel unten die Stullen einfach in die Schaufeln auf die Kohle gelegt. War man nicht schnell genug, verschwand das Mittagessen auf Nimmerwiedersehen. Dass hier auch Frauen arbeiteten, war üblich, die körperlich extrem anstrengende Arbeit wurde allerdings meistens von Männern verrichtet.

An den Förderbändern geht es entlang, und man kann sich vorstellen, wie laut es in der Anlage gewesen sein muss. Im Kesselhaus erzeugten Siederohrkessel den Heißdampf, die Kühltürme kühlten ihn wieder herunter. Das Wasser dazu wurde der Schwarzen Elster entnommen. Die originale erste Turbine, die bereits 1927 ihren Dienst aufnahm, ist viel kleiner als gedacht, der Transformatorenraum hingegen beeindruckend groß.

Spätestens im Leitstand, dem Schaltraum mit seinen Hunderten Schaltern und Anzeigern an verschiedenen Pulten, fühlt man sich wie in einem alten James-Bond-Film. Bis 1992 verrichteten die Instrumente ihren Dienst, dann wurde das Kraftwerk abgeschaltet. Nachdem Pläne für ein Gaskraftwerk nicht realisiert werden konnten, ist es ehemaligen Beschäftigten in Plessa zu verdanken, dass das Gelände heute noch im originalen Zustand besteht und besichtigt werden kann.

Hin & weg: Am Kraftwerk 1–3, 04928 Plessa. Vom Bahnhof (RB49 und S4) sind es nur 5 Min. zu Fuß.

Beste Zeit: Ganzjährig.

Dauer: 2 Std.

Ausrüstung: Unbedingt festes Schuhwerk. Die Klamotten sollten dreckig werden dürfen. Jacke, denn drinnen ist es auch im Sommer kühl.

FAZIT: LEGALER LOST PLACE MIT JAMES-BOND-FILM-FEELING: SPANNENDE GESCHICHTE UND GEHEIMTIPP.

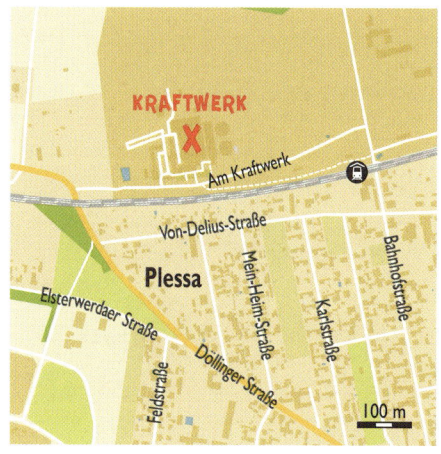

Des Bauern Arbeit
ist am fröhlichsten
und voller Hoffnung

Martin Luther

LITERA-T(O)UR

 ... auf dem Lesesteinweg in Rädigke

#11

Man nehme ein Dorf, dessen Bibliothek gut sechsmal mehr Leser als der Ort Einwohner hat, Zitate großer Literaten, ursprüngliche Natur und viel Platz zum Philosophieren. Fertig ist die ideale Tour für kleine und große Leseratten.

Hinterm urigen Gastraum des Landgasthofes versteckt sich die Fläming Bibliothek. Wirt Bernd Moritz zeigt gerne den Weg und erzählt die Geschichte des Hauses.

Das kleine Dorf Rädigke zählt gerade einmal 170 Einwohner, trotzdem sind in der hiesigen Bibliothek über 1000 Leserinnen und Leser registriert. »Die Leute kommen aus Berlin, um bei uns auszuleihen. Das ist schon was, oder?«, erzählt Wirt Bernd Moritz stolz. Einer Stammtischidee ist es zu verdanken, dass sein altehrwürdiger Landgasthof heute die sehr gut sortierte Fläming Bibliothek beherbergt. Im großen Saal lassen sich Klassiker genauso wie Neuerscheinungen finden. Literaturinteressierte können inzwischen aus rund 4000 Titeln wählen. Ausgeliehen werden kann, auch über die offiziellen Öffnungszeiten hinaus, solange der Zapfhahn läuft.

Im gemütlichen Vierseithof des Gasthofs Moritz findet sich immer ein ruhiges Plätzchen zum Schmökern. Wer lieber laufend Literatur entdecken möchte, spaziert einfach eine Runde um das Dorf. Auf dem knapp anderthalb Kilometer langen Spazierweg kann man im wahrsten Sinne des Wortes über Hesse, Brecht oder Fontane stolpern. Ausgehend vom Gasthof Moritz, wandert man vorbei an der Dorfkirche zum Mufflongehege neben dem schön angelegten Dorfteich. Unterwegs begegnet man bereits den ersten Lesesteinen. Die Findlinge, die Hinterlassenschaften der letzten Eiszeit sind, schmücken handgefertigte Keramikkacheln einer lokalen Töpferei mit Zitaten großer Literaten. »Bücher sind kein geringer Teil des Glücks, die Literatur wird meine letzte Leidenschaft sein«, schrieb Friedrich der Große. Auch sein Zitat findet man entlang des Weges.

Über die Straße Am Teich spaziert man zur Plane und weiter entlang des sumpfigen Pla-

Dorfidylle wie aus dem Bilderbuch. Der Weg um Rädigke führt vorbei an einsamen Höfen, Wäldern und Weiden. Hier sagen sich Fuchs und Hase Gute Nacht.

netals. Die Plane zählt zu den klarsten Gewässern in Brandenburg. In ihrem sauberen Wasser tummeln sich die prächtigen und sehr seltenen Bergmolche. Die scheuen, nachtaktiven Tiere werden die meisten wohl nicht zu Gesicht bekommen. Trotzdem lohnt es sich, die Natur genauer zu beobachten. So entdeckt man auch den Lesestein, der sich im plätschernden Wasser der Plane versteckt.

Wer tiefer in das Planetal eintauchen möchte, kann von hier aus dem Bergmolchwanderweg durch Moorwiesen und Buchenwälder nach Raben folgen (Wegstreckenzeichen: blauer Bergmolch auf weißem Grund).

Der Literaturwanderweg ist mit einem aufgeschlagenen Buch markiert. Nötig wäre das nicht, schließlich weisen die Findlinge den Weg rund um das älteste Dorf im hohen Fläming zurück zum Ausgangspunkt. Mit Zitaten geschmückte Bänke bieten den perfekten Ort zum Philosophieren und Nachdenken. Theoretisch könnte man die liebevoll als »Rentnerweg« bezeichnete Strecke in einer halben Stunde schaffen. Doch warum hetzen?

FAZIT: DIE SCHÖNSTE KOMBINATION VON NATUR UND KULTUR.

Hin & weg: Von Berlin-Hauptbahnhof mit dem RE7 in 1 Std. nach Bad Belzig, weiter mit dem Bus 757 nach Rädigke.

Beste Zeit: Ganzjährig schön.

Dauer & Strecke: 1,5 km, 1 Std., plus genug Zeit zum Schmökern in der Bibliothek!

Ausrüstung: Wer nicht im Gasthof Moritz einkehren möchte, bringt sich eigenen Proviant mit. Bücher können vor Ort geliehen werden.

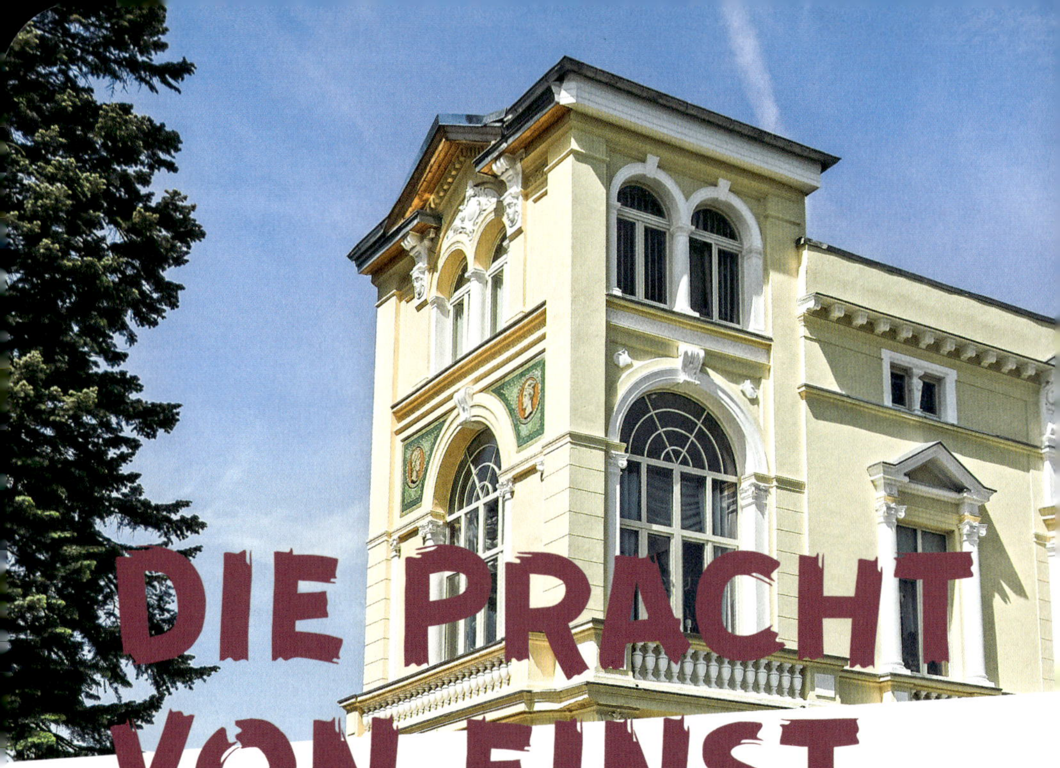

DIE PRACHT VON EINST

… in der Fabrikantenstadt Forst

#12

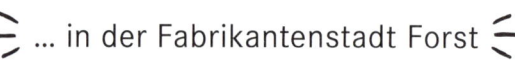

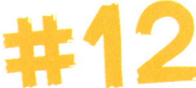

Die kleine Stadt Forst an der Lausitzer Neiße der deutsch-polnischen Grenze wirkt erst einmal wenig spektakulär. Ein Stadtspaziergang zu den Hinterlassenschaften der ehemals weltbekannten Tuchmacherstadt bringt spannende Einblicke in die Architekturgeschichte.

#Niederlausitz #Industriekultur #Architektur

Die ehemaligen Fabriken in der Tuchmacherstadt stehen heute häufig leer, sind aber spannende Fotomotive.

→ ABSTECHER ...

Das »deutsche Manchester« wurde Forst einst genannt, denn die Erfindung der Dampfmaschine kurbelte die Produktion enorm an und machte die Stadt Mitte des 19. Jahrhunderts berühmt. Ein Stadtspaziergang führt an vielen ehemaligen Tuchfabriken und Fabrikantenvillen vorbei, die vom alten Reichtum zeugen.

Vom Bahnhof auf der Sorauer Straße Richtung Osten starten. Bei der Nummer 37 steht die denkmalgeschützte Tuchfabrik von Daniel Noack, die heute das sehr sehenswerte Textilmuseum beherbergt. An vielen Originalmaschinen kann man nachvollziehen, wie aus dem Rohstoff fertige Tuche entstanden.

Nach dem Textilmuseum links durch die Planckstraße, dann rechts der Max-Fritz-Hammer-Straße bis zur Rüdigerstraße folgen. Hier stehen zwei der schönsten Fabrikantenvillen: die Villa Högelheimer in der Nummer 12 und die Villa Hammer in der 10, einst von Bodo Hammer selbst erbaut und mit ihren vielen Türmen und Giebeln ein echtes Prachtstück.

Geradeaus weiter zur Nummer 10 in der Heinrich-Werber-Straße laufen. Vor der Tuchfabrik Wilhelm Sauer sind noch die Schienen der Schwarzen Jule zu erkennen, der Forster Stadteisenbahn, die ab 1893 den Fabriken als Transportmittel diente. Sie wurde 1965 stillgelegt.

Das riesige Gebäude in der Heinrich-Werner-Straße 20 beherbergte die Fabrik Hänsel, die Tuche mit Rosshaaren herstellte. Hinter der von außen leider wenig sichtbaren Nummer 15 befindet sich die ehemalige Tuchfabrik Pürschel, heute offizieller Standort der Likörfabrik Forst (www.immer-likoer.de). Das Besitzerehepaar arbeitet an der Restaurierung und öffnet zu besonderen Gelegenheiten die Tore.

An der Inselstraße angekommen, ist schon von Weitem der hohe Schornstein des ehemaligen Heizkraftwerkes Avellis in der Nummer 8 zu sehen.

Weiter läuft man nach rechts auf der Inselstraße zur Heinrich-Heine-Straße. Bei der Nummer 1 befinden sich gleich zwei weitere Gebäude von Hammer: eine Wollremise und die Tuchfabrik Robert Cattien. Bei den Hausnummern 14–16 steht eine ehemalige Spinnerei aus dem Jahre 1910, die heute die Fachschule für Textilindustrie beherbergt.

Ein Stück zurück geht es nun rechts nach Norden in die Jänickestraße. Bei der Nummer 28 steht die imposante Villa des Tuchfabrikanten Robert Cattien, die ebenfalls von Bodo Hammer entworfen wurde.

Von da aus führt der Weg zum Marktplatz, vorbei an weiteren Fabriken, zugehörigen Betrieben und einem ehemaligen Schlachthof mit Wasserturm. Vom Markt geht es über die Cottbuser Straße nach Westen, dann links in die Leipziger Straße laufen. In der Nummer 14 und 16 befinden sich die Tuchfabrik Adolf Hellwig und die zugehörige Villa.

Das Brandenburgische Textilmuseum Forst befindet sich in der ehemaligen Fabrik Noack und erzählt anhand zahlreicher Exponate und historischer Maschinen die Geschichte des Tuchmacherhandwerks.

An der Bahnhofstraße links bis zur Albertstraße, hier nach rechts. An der nächsten Kreuzung befindet sich die ehemalige Schultheiß-Brauerei.

Tipp: Ein Abstecher in den über 100 Jahre alten Ostdeutschen Rosengarten lohnt sich!

FAZIT: SPANNENDE INDUSTRIEARCHITEKTUR UND DIE SCHÖNSTEN ALTEN VILLEN.

Hin & weg: Start und Ziel vom Bahnhof Forst (Lausitz), erreichbar von Cottbus mit dem RB46.

Beste Zeit: Zur Rosenblüte.

Dauer & Strecke: 2–3 Std., 7 km.

Ausrüstung: Bequeme Schuhe.

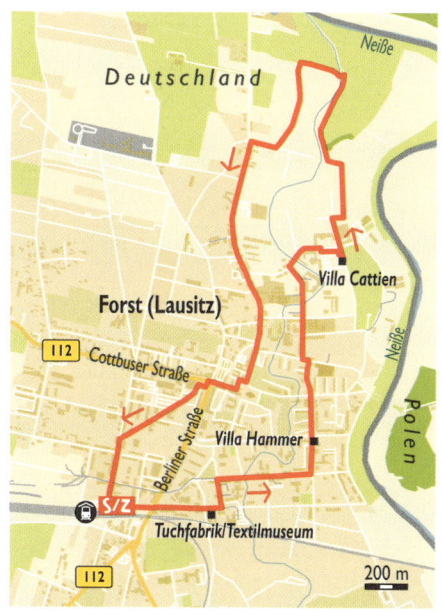

ÄGYPTISCHE RUHESTÄTTE

 ... im Fürst-Pückler-Park Cottbus

Hätten Sie's gewusst – in Cottbus existiert ein echtes Pyramidengrab! Was skurril klingt, ist dem exzentrischen Weltreisenden und Mäzen Fürst von Pückler-Muskau zu verdanken, der sich eine ganz besondere Ruhestätte schuf.

#Herbstspaziergang #schrägeTypen #Landschaftspark

Der Weitreisende war von seinen Reisen in den Orient so begeistert, dass er zu seinen Lebzeiten diese Ruhestätte gestalten ließ.

Wer vom Hauptbahnhof kommt, betritt den Park von der Kiekebuscher Allee im Norden. Hier stehen einheimische Gehölze zwischen weiten Wiesen. Auf kleinen, verschlungenen Pfaden geht es Richtung Schloss, und schon bald erstreckt sich ein See auf der linken Seite, in dessen Mitte sich das bepflanzte Pyramidengrab befindet. Der schönste Blick auf die Pyramide bietet sich am südlichen Ende des Sees von der Ägyptischen Treppe.

Die kleine Insel nebendran mit dem steinernen Kreuz ist das Grab seiner Frau Lucie, von der er sich angeblich einst trennte, um mit einer reichen Mäzenin anzubandeln. Wer sich dem Grab ganz exklusiv nähern möchte, kann im Sommer eine Gondelfahrt durch den Park zur Pyramide buchen.

Der 600 Hektar große Branitzer Park lädt zu jeder Jahreszeit auf einen ausgiebigen Spaziergang ein. Die Hauptattraktion leuchtet jedoch vor allem im Herbst über den See: das Erdgrab des exzentrischen Lebemannes und Gartenkünstlers in Form einer Seepyramide.

Auf dem Hauptweg Richtung Schloss geht es nun weiter über Stock, Stein und Brücken. Pückler modellierte auf der ehemaligen platten Ackerfläche eine abwechslungsreiche Landschaft mit Hügeln und Seen. Eine weitere, et-

Das Schloss Branitz ist nicht nur von außen sehenswert: Orientalische Wandtapeten, farbenfrohes Interieur und Barockelemente zeugen im Innern vom extravaganten Lebensstil des Fürsten.

was kleinere Pyramide befindet sich auf der Wiese am Wegesrand.

Mit ein paar Schlenkern führen die Wege zum inneren Park Richtung Schloss. Die Gehölze werden hier exotischer und pflegeintensiver, das Schloss bildet den Höhepunkt des sorgfältig nach englischem Vorbild angelegten Landschaftsparks – neben dem Muskauer Park Pücklers berühmtestes Werk.

Das um 1770 errichtete Barockschloss erstrahlt in zartem Rosa und wurde in den 1990er Jahren restauriert. Hermann von Pückler-Muskau übernahm den Familienbesitz 1845 und gestaltete daraufhin den Landschaftsgarten. Im Schlosshof befindet sich ein schöner Rosengarten sowie der Marstall und das Kavaliershaus, ein Stück weiter liegen der Gutshof und die Schmiede.

Ein Blick in das Schloss und die Ausstellung lohnt, um einen Eindruck von der Lebenswelt des Fürsten zu bekommen.

Wer auf dem Rückweg aufpasst, entdeckt noch ein drittes Grab, das der Pferdeliebhaber für seine Stute Adschameh schuf.

> **FAZIT: PARKSPAZIERGANG ZUM SCHRÄGS-TEN GRAB IN DER NIEDERLAUSITZ.**

Hin & weg: Entweder von Cottbus-Hauptbahnhof 2,8 km oder von Cottbus-Sandow-Bahnhof 1,5 km über den Stadtring und die Kiekebuschstraße.

Beste Zeit: Herbst.

Dauer & Strecke: 1–2 Std., 4 km.

Ausrüstung: Besser Proviant mitnehmen, das Café im Park hat nur unregelmäßig geöffnet.

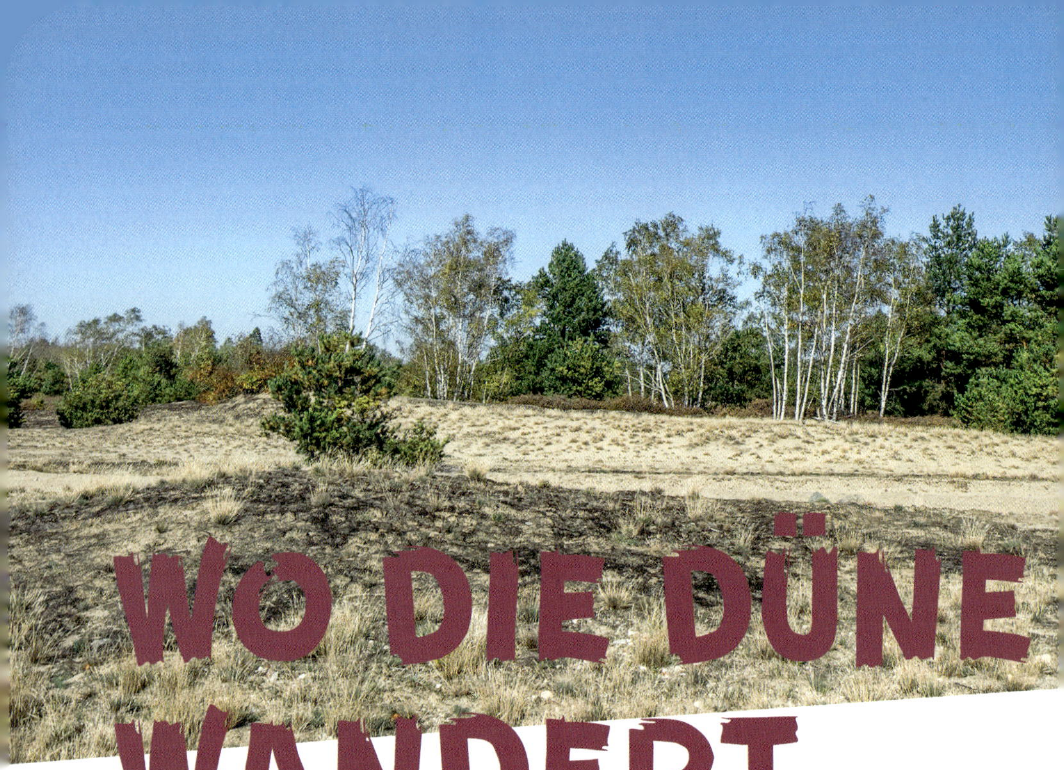

WO DIE DÜNE WANDERT

... Spaziergang zur Wanderdüne in Luckenwalde

#14

Unermüdlich schiebt sich der Sandberg nach Süden Richtung Berlin. Drum herum gibt es auf der Stiftungsfläche Platz für Wildnis, die in aller Stille erkundet werden kann. Besonders magisch wird es, wenn die Heideblüte die Flächen im Herbst in ein lilafarbenes Meer verwandelt.

#Wildniserleben #Sandkastenfeeling #Entschleunigung #Fläming

Vom Rastplatz Wurzelberg aus schweift der Blick über die blühende Heideland-schaft bis zur Wanderdüne.

→ ABSTECHER ...

Die Wanderung startet an der Kreuzung Bundesstraße 101n/Straße an den Ziegeleien in Luckenwalde. Wie am Reißbrett gezogen, führt der Pflasterweg stetig geradeaus. Verlaufen ist auch mit viel Anstrengung so gut wie unmöglich. Die perfekte Gelegenheit, um das Tempo zu drosseln und die Gedanken schweifen zu lassen. Hastigen wird sich der Charme dieser außergewöhnlichen Landschaft nicht erschließen. Dort, wo einst mit Luftwaffe, Artillerie und Panzern scharf geschossen wurde, entwickeln sich heute neue Wälder, Heide- und Sandlandschaften.

Das munitionsbelastete Militärgelände, das heute Eigentum der Stiftung Naturlandschaften ist, kann von den sicheren Wanderwegen aus entdeckt werden.

Eben noch standen Kiefern dicht an dicht am Pfad. Nun ist da plötzlich Weite. Die Landschaft scheint wie eine Mischung aus Steppe und Wüste. Aus dem pudrigen Sand wächst schnurgerade die Sandsegge empor. Mit ihren meterlangen Wurzeln verfestigt die Pionierpflanze den Untergrund. Die Landschaft befindet sich im ständigen Wandel.

Strandfeeling in Brandenburg: Im puderzuckerfeinen Sand hinterlassen nicht nur Spaziergänger ihre Spuren.

In einem Großteil der Flächen des heute als »Naturschutzgebiet Forst Zinna-Jüterbog-Keilberg« ausgewiesenen Areals wird nicht mehr vom Menschen eingegriffen. So kann hier echte Wildnis entstehen.

Nach gut zweieinhalb Kilometern ist plötzlich überall Sand auf dem Weg. Feiner und weißer als an vielen Stränden. Ein Schild weist den Weg zum 230 Meter entfernten Wurzelberg. Während man die Steigung hinaufläuft, geht der Blick nach unten Richtung Boden. Vielleicht haben das heimische Wolfsrudel oder die Sandkornnattern ihre Spuren im weichen Untergrund hinterlassen.

Im Schatten des alten Beobachtungshauses schaut man über die mit Heide bewachsenen Wildnisentwicklungsflächen zur Binnendüne. In Deutschland sind Dünen normalerweise ortsfest. Wurzeln von Bäumen, Gräsern und Sträuchern halten sie an ihrem Platz. Nicht so

Hin & weg: Startpunkt der Wanderung ist die Kreuzung Bundesstraße 101n/Straße an den Ziegeleien in Luckenwalde. Hier gibt es einige wenige Parkplätze. Alternativ mit dem RE3 oder RE4 von Berlin-Hauptbahnhof bis Luckenwalde. Vom Bahnhof ist der 2,5 km entfernte Wanderwegbeginn ausgeschildert (gelber Kreis).

Beste Zeit: An einem sonnigen Frühlingstag oder im Herbst, wenn die Heide blüht.

Dauer & Strecke: 2–3 Std., 7,5 km Wanderung.

Ausrüstung: Sonnencreme und Kopfschutz, auf der Wanderung gibt es nur wenig Schatten; Proviant und ausreichend Wasser, ein Fernglas, feste Schuhe.

Besonders schön ist die Wanderung im Herbst, wenn die Heide in voller Blüte steht.

hier. Als die russischen Soldaten Büsche und Bäume abholzten, bekam der Wind genug Angriffsfläche und setzte den Sandberg in Bewegung. Die Düne wandert nun langsam, aber stetig in Richtung Berlin.

Nach einem gemütlichen Picknick am Rastplatz geht es über einen hübschen, mit Birken bewachsenen Pfad in Richtung Süden. Der kleine Rundweg führt vorbei an der Düne zurück zum schnurgeraden Pflasterweg, dem man bis zum Ausgangspunkt der Tour folgt.

FAZIT: KURIOSE LANDSCHAFT, BEI DER KLAR WIRD, WAS MIT DER »MÄRKISCHEN STREUSANDBÜCHSE« GEMEINT IST.

Hinweis: Bei erhöhter Waldbrandwarnstufe sollten die Wanderwege in den Stiftungsflächen nicht betreten werden.

VON ÄPFELN UND BIRNEN

⤴ … im Pomologischen Garten Döllingen ⤵

#15

In Deutschland gibt es über 1000 Apfel-
sorten, von denen wir allerdings nur noch
wenige kennen. Der Pomologische Schau-
und Lehrgarten in Döllingen versucht
das zu ändern und zeigt über 400 Obst-
gehölze. Hier können Sie endlich einmal
Äpfel mit Birnen vergleichen.

Ein Bienenstock versteckt sich im hölzernen Imker. Von Frühling bis Herbst herrscht hier emsiges Treiben. Die Bienen helfen bei der Befruchtung der verschiedenen Gehölze im riesigen Garten.

Vom Bahnhof Hohenleipisch aus geht es mit dem Fahrrad knappe zwei Kilometer über die Landstraße zwischen Feldern und wunderschönen Streuobstwiesen zum Pomologischen Garten, nur die steilen Treppen am Bahnhof müssen mittels einer Fahrradrinne überwunden werden. Wer sein Fahrrad nicht heben kann, geht daher besser zu Fuß.

An der großen Pforte gibt es auf einer Schautafel Informationen über die Standorte der verschiedenen Obstsorten. Einfach hineingehen, der Garten ist gratis, der Verein Kleingehäuse freut sich jedoch über eine kleine Spende.

Der Pomologische Schaugarten ist Teil der Niederlausitzer Apfelroute, auf der Kulturlandschaften, Produktionsstätten und die Vermarktung von heimischem Obst miteinander verbunden werden. In der Mitte des Gartens befindet sich der Informationspunkt. Das ist eigentlich nur eine kleine gemütliche Hütte, in der bei Veranstaltungen Kaffee und Kuchen verkauft werden. Fragen Sie vor Ort, ob Sie gegen ein kleines Entgelt ein bisschen Fallobst aufsammeln dürfen. Mit etwas Glück ist auch noch ein leckerer Quitten- oder Apfelsaft vorhanden, der aus dem hiesigen Obst gepresst wurde.

Die Wege sind rund um den Infopunkt angeordnet, alle Gehölze haben ihren Platz, von Äpfeln über Birnen bis zu Mispeln, Quitten, Kornelkirsche, Sauerkirsche, Walnuss, Pflaume und einige mehr. Ein großer Holzmann bietet Unterschlupf für Honigbienen, die fleißig und dick mit Nektar bepackt in den Bauch hineinkrabbeln, um das flüssige Gold zu produzieren.

Bienen sind sehr friedliche Tiere. Werden sie nicht gestört, kann man das Einbringen des Nektars in den Stock ganz aus der Nähe beobachten.

An den Obstbäumen geben Schilder Auskunft über die Art, Herkunft, Eigenschaften und Verwendung, vorbei geht es an so wunderbar klingenden Obstbäumen wie Clapps Liebling, dem Hasenkopf und Geflammten Kardinal zur Schönen aus Bath, einer Apfelsorte aus England, die hier in Brandenburg ebenso gute Lebensbedingungen findet. Schautafeln erklären Wuchsformen, die Bedeutung von Wildobst, Kultivierung und den Begriff der Streuobstwiese.

An Holzbänken und überdachten Tischen bietet sich ein kleines Picknick an, vielleicht sogar mit ein bisschen Obst aus dem Garten.

Tipp: Ganz in der Nähe befindet sich die weitläufige Niederlausitzer Heidelandschaft, die besonders Ende August eine Augenweide (im wahrsten Sinne) bietet.

FAZIT: LEHRSTUNDE MIT ALTEN OBSTSORTEN UND DER CHANCE AUF EIN PAAR LECKERBISSEN.

Hin & weg: 2 km ab Bahnhof Hohenleipisch zur Hohenleipischer Straße, 04928 Plessa. Ein Fahrrad muss am Bahnhof mehrere steile Treppenrinnen hinaufgeschoben werden.

Beste Zeit: Spätsommer und Herbst. Öffnungszeiten variieren. Kontakt siehe unter www.pomologischer-garten.de

Dauer: 1–2 Std.

Ausrüstung: Kleingeld für eine Spende und Proviant für ein schönes Picknick.

Hohenleipisch

Döllingen

Am Wald

Dorfplatz

Hohenleipischer Straße

Schulstraße

X
POMOLOGISCHER GARTEN

Umgehungsstraße

Am Park

Kahlaer Straße

Elsterwerda

100 m

ALLES FLIEßT

≥ ... mit dem Kajak durch Leipe und Lehde ≤

#16

Bei einem Besuch im Spreewald darf selbstverständlich eine Kajaktour nicht fehlen. Diese kleine Leiper Tour umrundet das Totalreservat Huschepusch und startet und endet im romantischen Spreewalddorf Leipe, das gerade vom Wasser aus seinen Charme versprüht.

#paddeln #Wasserspaß #Spreewaldmagie

Im Spreewald überall präsent: die schönen alten Holzkähne, die lange das einzige Verkehrsmittel waren.

Das Dörfchen Leipe war eines der letzten, das im Spreewald in den 1960er Jahren seine erste Straße bekam. Daher lohnt es sich umso mehr, den Ort auch vom Wasser aus kennenzulernen, denn hier befinden sich nicht nur die malerischen Gärten, sondern außerdem meist die Hauseingänge.

Die 17 Kilometer lange Route startet am Spreewaldhof Leipe, einer wunderschönen Pension, in der auch pusteblumenbemalte Bauwagen als Radlerunterkünfte angeboten werden. Am Wasserrastplatz wird das Kajak eingesetzt und losgepaddelt. Unbedingt vorher beim Verleih über Sperrzeiten in Lehde erkundigen! Da hier viel Wasserverkehr ist, sind manche Durchfahrten für Kajaks und Kanus zu Stoßzeiten gesperrt.

Los geht es nach Süden ein Stück auf der Spree, die Wegmarkierung ist ein schwarzer Kreis auf gelbem Grund. Wer möchte, kann

Der Spreewaldhof Leipe war bis in die 1980er Jahre ein typischer Spreewald-Bauernhof. Heute beherbergen die gemütlichen Blockbohlenhäuser Touristen, die es im Spreewald gemächlich angehen lassen möchten.

An der Schleuse sollte man die Kajaks besser umtragen, um die ohnehin schon wasserarmen Fließe, wie die Flüsse im Spreewald genannt werden, nicht weiter zu belasten. Weiter geht es auf der Unteren Boblitzer Kahnfahrt. Immer mal wieder liegen landwirtschaftlich genutzte Flächen entlang des Weges, zwischendurch entfaltet der Spreewald seine grünen Arme. Blau schimmernde Libellen umflattern munter die Kajaks, sie sind das heimliche Wahrzeichen des Spreewalds.

Am Südumfluter nach rechts paddeln, und am Schlossbezirk angekommen, im scharfen Knick nach rechts Richtung Lehde biegen. Jetzt wird es etwas trubeliger, Lehde ist einer der beliebtesten Orte im Spreewald. Hübsche alte Blockhäuser liegen rechts und links des Weges. Die Fährmänner und -frauen geben hier ihre Sprüche über den Spreewald zum Besten: »Wer in der Spree ertrinkt, war nur zu faul aufzustehen.« Immer dran denken: Kähne haben Vorfahrt!

auch erst einmal das Dörfchen Leipe umrunden und die schönen Häuser und Gärten bewundern. Der niedersorbische Name Lipje entstammt der Bezeichnung für Linde, der Name war hier wohl früher Programm.

Das Gesicht des Spreewaldes ändert sich an jeder Ecke: Zwischen Spree, Südumfluter und Burg-Lübbener-Kanal befinden sich die vielen kleinen typischen Wasserstraßen, »Fließe« genannt.

Nach etwa einem Kilometer knickt die Giglitza scharf links ab. Ihr folgen und direkt in das Herz des malerischen Ortes Lehde hineinpaddeln. Hier gibt es viele Rastplätze und Möglichkeiten zur Einkehr. Über den Hechtgraben hinweg liegt das Freilandmuseum, das das Spreewaldleben im 19. Jahrhundert zeigt.

Anschließend geht es über den Lehder Graben und Wehrkanal zur Wotschofska, der ältesten Gaststätte der Gegend. Sie ist nur in der Saison geöffnet, lohnt jedoch auch von außen einen Blick. Nun rechts dem Burg-Lübbener-Kanal folgen. Nach der Schleuse in den Rohrkanal biegen und über das Tschapekfließ zurück nach Leipe.

Wer Lust und Muße hat, kann nach der Wotschofska die Tour nach Norden ausdehnen und über das Nordfließ bis in den geschützten Hochwald, das Herz des Biosphärenreservats, paddeln.

FAZIT: SCHÖNSTE ANFÄNGERTOUR MIT VIELEN HIGHLIGHTS DES SPREEWALDS.

Hin & weg: Am besten mit dem Fahrrad vom Bahnhof Lübbenau über die Poststraße, Max-Plessner-Straße, Dammstraße und den Leiper Weg 6,5 km zum Startpunkt Spreewaldhof Leipe, Leiper Dorfstraße 2, 03222 Lübbenau/Spreewald.

Beste Zeit: Frühling oder Herbst, da hier dann etwas weniger los ist als im Sommer.

Dauer & Strecke: 17 km, je nach Kondition 3–5 Std.

Ausrüstung: Wechselkleidung, falls doch mal etwas schiefgeht.

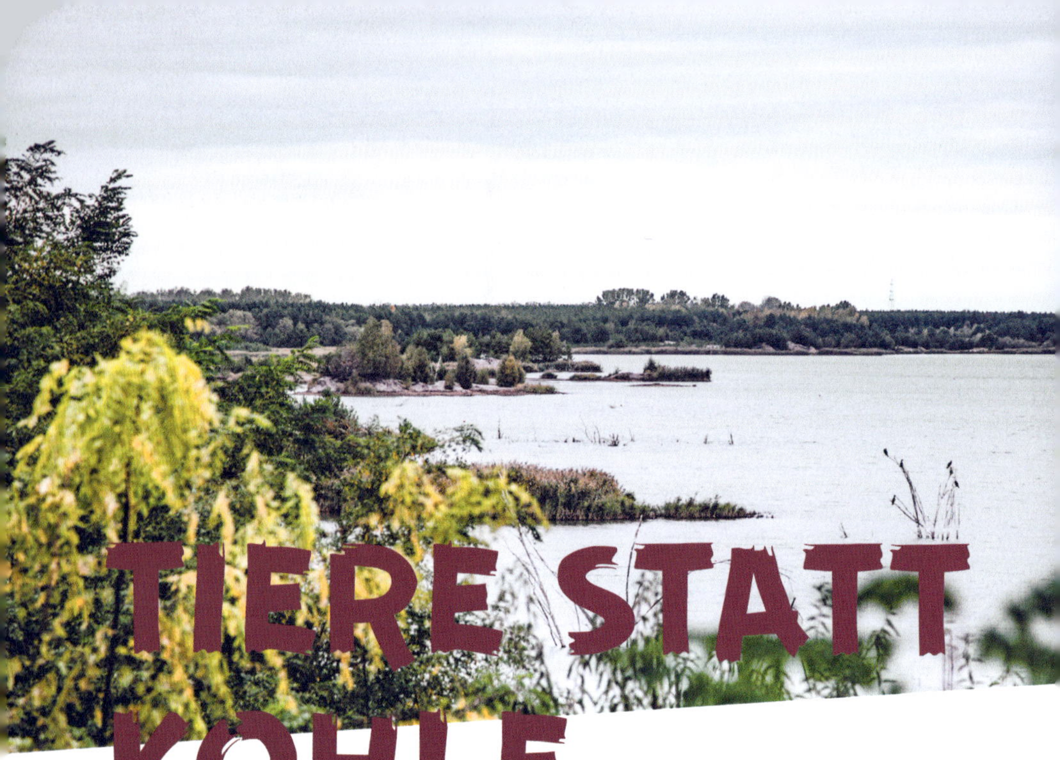

TIERE STATT KOHLE

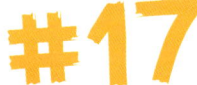

... in Sielmanns Naturlandschaft Wanninchen

#17

Die ehemalige Tagebaulandschaft Wanninchen darf sich bereits seit 1991 erholen, seitdem haben sich viele seltene Tierarten angesiedelt. Eines der Jahres-highlights ist der herbstliche Kranichzug, denn in Wanninchen finden die Vögel des Glücks ein Schlafquartier.

#Niederlausitz #neueWildnis #Tagebaulandschaft #Tierbeobachtungen

NATURPARKZENTRUM WANNINCHEN "HEINZ SIELMANN"

Vom einstigen Ort Wanninchen ist nicht mehr viel übrig: Bis auf ein einziges Haus wurde der ganze Ort zugunsten des Tagebaus Schlabendorf-Süd abgebaggert. Im Jahr 1999 besuchte Heinz Sielmann das seit dem Ende des Kohlenabbaus brachliegende Gelände und verliebte sich in die Gegend, auch weil sich hier inzwischen sein Lieblingstier neu angesiedelt hatte: der Fischotter. Die Sielmann-Stiftung kaufte daraufhin das Gelände und ließ es unter Naturschutz stellen. Das übrig gebliebene Haus ist heute das Erlebniszentrum, von dem aus man die Landschaft bestens erkunden kann. Ein ganz besonderes Schauspiel ist der herbstliche Kranichzug. Bis zu 8000 Kraniche finden am Schlabendorfer See einen geeigneten Rückzugsort auf der Reise.

Wer das Spektakel des Einflugs beobachten will, findet sich am frühen Abend gegen wenige Euro Eintritt im Naturerlebniszentrum ein. Das höher liegende Gelände bietet einen fantastischen Blick auf den aus dem Tagebau entstandenen See, in dem sich Tausende Kra-

niche nach ihrer Futtersuche tagsüber auf umliegenden Feldern zum Schlafen niederlassen. Das Wasser bietet guten Schutz vor Landangreifern wie dem Fuchs.

Mal in langen, mal in kürzeren Ketten fliegen die majestätischen Vögel mit lautem Trompeten über die Köpfe der Schaulustigen hinweg im großen Bogen zur anderen Uferseite, wo sie mit ebenso lauten Rufen willkommen geheißen werden. Das Naturerlebniszentrum bietet einige Ferngläser an. Zum Fotografieren benötigt man aufgrund der Dämmerung ein lichtstarkes Objektiv.

Wer ein wenig früher kommt, kann sich noch auf dem Bienenlehrpfad im Nasch- und Findlingspark umschauen. Auch ein Blick in das Ausstellungszentrum lohnt, hier werden wechselnde Ausstellungen gezeigt.

Die ganze Saison über werden in Wanninchen Touren angeboten, die mehrere Stunden dauern und den Gästen die »kleinen Big 5« zeigen, wie die Ranger die seltenen Arten in Anlehnung an afrikanische Safaris schmunzelnd nennen, unter anderem den winzigen Ameisenlöwen und den Sandohrwurm.

Die ehemalige Ödnis hat sich erstaunlich gewandelt und besteht mittlerweile aus hügeligen Erdreichen, Mooren und Sanddünen, Seen und Feuchtgebieten. Wie überall im ehemaligen Tagebaugebiet sind allerdings einige Bereiche aus Sicherheitsgründen gesperrt, weil Böschungen abbrechen und Erdreiche zusammensacken können.

Auch größere Tiere haben sich in dieser neuen Wildnis angesiedelt: Der scheue Wolf wird sich wohl nicht zeigen, doch Spuren verraten

Sicheres Terrain: Für die Nacht versammeln sich die Kraniche gerne im flachen Wasser, um vor Fressfeinden wie dem Fuchs geschützt zu sein. Vom Erlebniszentrum aus hat man einen fantastischen Blick auf die Tiere.

seine regelmäßige Anwesenheit. An den Gewässern finden sich Wanderfalken und Rotmilane, regelmäßig kreisen Fisch- und Seeadler in den Lüften. Im Februar lassen sich die Klänge der Singschwäne erleben.

FAZIT: SEHR BEEINDRUCKENDES ERLEBNIS MIT DEN VÖGELN DES GLÜCKS ZUM HÖREN UND SEHEN.

Hin & weg: Besser mit dem Auto, da die Rückreise mit dem Fahrrad ins 22 km entfernte Lübbenau im Dunkeln erfolgen würde. Für die Eingabe ins Navi: Garrenchener Straße, 15926 Luckau OT Görlsdorf. Von hier der Ausschilderung folgen. www.wanninchen-online.de

Beste Zeit: Herbst.

Dauer: 1–3 Std.

Ausrüstung: Proviant; auch ein eigenes gutes Fernglas ist sinnvoll, da vor Ort nicht genügend Ferngläser für alle zur Verfügung stehen.

FEUER &
WASSER

 ... Kamin-Kahnfahrt in Burg im Spreewald

#18

Bei dieser besonderen Kahnfahrt legt sich die Abenddämmerung über den Spreewald, während man sich die kalten Hände am knisternden Feuer wärmen kann. Zurück geht es erst in tiefer Dunkelheit. Ein sch(l)ummriges Erlebnis.

Zur Kahnfahrt gibt es – natürlich – Glühwein aus der praktischen Thermoskanne, auf Wunsch auch alkoholfrei.

Seit ein paar Jahren bietet die Pension Zum Schlangenkönig Kamin-Kahnfahrten an, bei dem die Kähne so umgebaut sind, dass sich alle Gäste am Tischfeuer wärmen können. Gebucht werden muss der ganze Kahn, also besser mit ein paar netten Menschen zusammentun, das ist ja ohnehin noch schöner.

Angeboten wird die Fahrt nur in der dunklen Jahreszeit, los geht es in der Dämmerung direkt hinter der Pension in Burg-Kauper, in die man anschließend einkehren kann, um dort den Abend ausklingen zu lassen.

Der kleine Hafen hinten im Hof ist umgeben von Birken, die im Spätherbst bunt in der untergehenden Sonne leuchten. Die Dämmerung hat bereits begonnen, und der Fährmann stakt den Kahn fast lautlos auf der Kleinen Spree zwischen alten Gehöften und Blockbohlenhäusern entlang. Viele der Häuser tragen noch die traditionellen Schlangenköpfe, die der Sage nach das Haus beschützen, denn die

Es gibt sie auf unzählige Arten: die Glühwein-Kahnfahrt, die Fontane-Kahnfahrt, die Spreewaldkrimi-Kahnfahrt, die Whisky-Kahnfahrt. Kahnfahren im Spreewald ist quasi Pflicht und weniger altbacken, als sich so mancher Gast das gemeinhin vorstellt.

Im Dämmerlicht geht es in den Spreewald mit seinen typischen, mystisch anmutenden Erlen. Die alten Häuser mit Schlangenköpfen auf dem Dach erzählen ihre eigenen Geschichten.

Schlangen zogen sich früher bei drohendem Hochwasser auf die Inseln, die Kaupen, zurück und warnten so die Einheimischen.

Während die Schilder mit den Namen der Fließe schon bald nicht mehr lesbar und die Umrisse der Häuser und Bäume nur noch schemenhaft im flackernden Feuerschein zu erkennen sind, lullt der Fährmann mit seinen Erzählungen über das frühere und heutige Leben im Spreewald ein, erzählt die Sagen vom Schlangenkönig und Wassermann, vom Postschiff, das hier sommers immer noch fährt, und davon, dass hier zum größten Teil alteingesessene Familien leben, weil die Höfe meistens weitervererbt und kaum verkauft werden. Schade eigentlich. Kaum jemand kommt einem entgegen, die Zeit der Kajaks und Kanus ist ohnehin vorbei, und nur die wenigsten Kähne fahren bei Dunkelheit.

Während die Hände am Glühwein gewärmt werden und der Kahn sich still durch die Nacht schiebt, leuchten Wangen und Augen und das Feuer flackert seinem Ende entgegen.

FAZIT: SPANNENDE ART, DEN SPREEWALD IM FEUERSCHEIN KENNENZULERNEN.

Hin & weg: Ab Bahnhof Vetschau mit dem Bus 38 bis zur Haltestelle Burg, Hotel zum Spreewald und von hier 3 km durch die schöne Burger Kolonie laufen bis zur Pension Zum Schlangenkönig (Waldschlößchenstraße 14, 03096 Burg). www.spreehafen-burg.de

Beste Zeit: Spätherbst und Winter.

Dauer: 1–2 Std.

Ausrüstung: Warme Klamotten, es kann kühl werden trotz des Feuers.

EISIGE SCHÖNHEIT

... im Nieplitztal in Treuenbrietzen

#19

Es ist eisig kalt, der Atem gefriert, und der Schnee glitzert in der Sonne, kurzum, es ist der perfekte Tag für einen ausgedehnten Spaziergang von Treuenbrietzen durch das Nieplitztal nach Frohnsdorf zur Nieplitzquelle.

Das Nieplitztal wird von kleinen Wasserläufen und Sumpfgebieten durchzogen. Im Winter wirkt diese faszinierende Landschaft besonders mystisch.

Gestartet wird am Bahnhof Treuenbrietzen-Süd. Von hier aus geht's geradeaus auf dem Kiefernweg. Nach einem knappen Kilometer an der Gabelung den rechten Weg nehmen. Den Friedhof passieren und dem nächsten Waldweg nach links folgen, bis man auf die befestigte Neue-Hufen-Straße trifft. Über die geht es nach links durch den Wald. Hier beginnt das Flora-Fauna-Habitat Nieplitztal.

300 Meter hinter dem Forsthaus befindet sich ein kleiner Parkplatz, hinter dem auf der rechten Seite ein Pfad in das Naturschutzgebiet führt. Zunächst geht es über die Hahnenfuß-brücke entlang des Apothekerteiches zum Reichhelmsteich. Hier unbedingt auf die Beschilderung achten. Der Reichhelmsteich liegt etwas abseits des Hauptweges. Auf einem schmalen Trampelpfad läuft man durch eine

Schonung zum See. Rund um den Reichhelmsteich laden Bänke zu einer Pause ein. Bis auf das leise Knacken des Eises ist es komplett still. Wer sich viel Zeit nimmt und das Glück auf seiner Seite hat, kann hier die seltenen Eisvögel und Rebhühner oder Fasane beobachten.

Der Weg führt nun über die schmale Brücke an der gegenüberliegenden Teichseite, vorbei an einer Schutzhütte und schneebedeckten Tannenschonungen zum Forellenteich. Am Auslauf des Forellenteiches hält man sich links und biegt wenige Meter später nach rechts ab. Wenn man den Wegweiser Richtung Alte Eiche erblickt, ist man richtig. Immer den Verlauf der Nieplitz vor Augen, wandert man über die Brücke bis zur Schranke. Weiter geht es nach rechts auf den befestigten Rad- und Wanderweg. Nach einem guten Kilometer trifft man

Warme Kleidung und feste Schuhe sind bei der Wanderung gefragt. Gelegentlich versperren Bäume, die den Herbststürmen zum Opfer gefallen sind, den Weg.

auf die Landstraße. Hier nach rechts über die Brücke und dann sofort wieder links abbiegen. Das letzte Stück des Weges spaziert man durch Alt-Frohnsdorf. Nachdem man an der Weggabelung nach links und anschließend nach rechts abgebogen ist, erreicht man schließlich das Nieplitzquellgebiet, in dem die Nieplitz aus mehreren Sickerquellen entspringt.

Zum Abschluss der Tour am besten in die Waldgaststätte Zur alten Eiche (Öffnungszeiten variieren, sicherheitshalber vorher überprüfen. Infos unter www.alte-eiche-frohnsdorf.de) einkehren und sich mit leckerem Kuchen oder einer Nieplitzforelle stärken und aufwärmen, bevor es mit dem Bus von Frohnsdorf zurück nach Treuenbrietzen geht.

FAZIT: WINTERWUNDERLAND MIT WASSERANSCHLUSS. WER DIE NATUR LIEBT, DARF DIESEN SPAZIERGANG NICHT VERPASSEN.

Hin & weg: Hin mit dem RB33 von Berlin-Wannsee nach Treuenbrietzen-Süd, zurück mit dem Bus 549 von Frohnsdorf, Lüdendorfer Straße nach Treuenbrietzen-Bahnhof.

Beste Zeit: Ganzjährig, am schönsten im dicken Winterschnee.

Dauer & Strecke: 2 Std., ca. 11 km.

Ausrüstung: Feste Schuhe und warme Kleidung, zur Sicherheit Proviant.

SCHÄTZE FINDEN

 ... beim Geocaching in Cottbus

 Wie wäre es mal mit einer ganz anderen Städtetour? Geocaching geht nicht nur im Grünen, auch in Cottbus sind die kleinen Schätze versteckt. Für das Auffinden ist kein Extra-GPS-Gerät erforderlich, das geht einfach mit dem Smartphone.

#Spreewald #undercover #Rätselraten

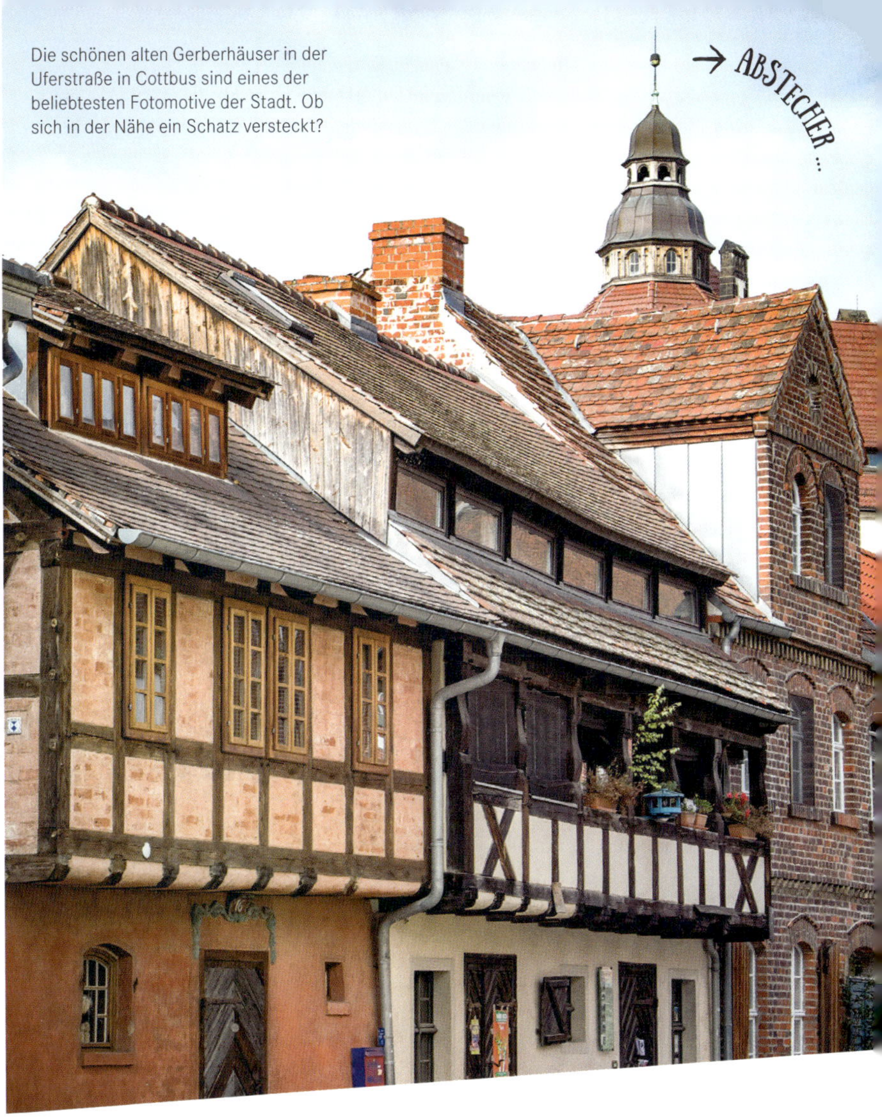

Die schönen alten Gerberhäuser in der Uferstraße in Cottbus sind eines der beliebtesten Fotomotive der Stadt. Ob sich in der Nähe ein Schatz versteckt?

→ ABSTECHER ...

Noch heute ist der mittelalterliche Stadtkern von Cottbus durch die in großen Teilen erhaltene Stadtmauer erkennbar. Innerhalb der Altstadt erstrahlen barocke Bürgerhäuser im neuen Glanz, außerhalb der Stadtmauern laden moderne Museen, Industriekultur, Parkanlagen und architektonische Highlights wie die Technische Universität Cottbus zum Stadtspaziergang ein.

Von simpel bis schwierig sind die sogenannten Caches, die kleinen Schätze, versteckt. Praktischerweise wird einem das schon vorher in der Software angezeigt. Nötige Tools:

ein Smartphone mit aktivem GPS. Das bekannteste und einfachste Portal ist www.geocaching.com, die Anmeldung mit einer E-Mail-Adresse simpel, und die kostenlose App ist auch fix heruntergeladen – schon kann es losgehen. Beim Blick auf Cottbus zeigt sich: Da ist tatsächlich was los.

Beim ehemaligen Südeingang in die Stadt steht der 28 Meter hohe Spremberger Turm, an dem die etwas andere Stadtbesichtigung losgehen könnte. Könnte, im Konjunktiv, denn der Ehrenkodex vom Geocaching gebietet, keinen exakten Ort zu verraten, an dem die Caches versteckt sind, deshalb sollte man sich beim Suchen auch besser unauffällig verhalten. Aber die Schönheit der Stadt darf sich keine Spürnase entgehen lassen. Die Aussicht

vom Turm aus, der täglich geöffnet ist, ist allemal eine Geocaching-Pause wert!

Am besten navigiert man per App, Caching-Fans geben außerdem Tipps zu Verstecken und Schwierigkeit. Manche Caches sind ohne jeden Hinweis zu finden, bei anderen müssen hingegen ganze Rätselketten gelöst werden. Unerfahrene beginnen daher besser mit dem Level für Anfänger.

So manche versteckte Tür, Steinplatte oder Fußleiste muss genau inspiziert werden. Bei erfolgreichem Fund darf man seinen Namen hinterlassen, manchmal eine kleine Belohnung eintauschen und in der App den Fund registrieren. Und ganz nebenbei lernt man Cottbus von spannenden Seiten kennen.

Im überschaubaren Cottbus wurden die Häuser aus der Jahrhundertwende renoviert und erstrahlen nun in neuem Glanz. Elemente aus Jugendstil, aber auch Barock, Spätgotik und Renaissance sind an vielen Fassaden zu finden.

Unbedingt die Tour im Café Lauterbach beenden, dem Café der kleinsten Baumkuchenmanufaktur Deutschlands. Nach Kuchen- und Kaffeepause macht man am besten noch einen Spaziergang über den schönen Altmarkt mit dem sehenswerten Apothekenmuseum und einem ganz besonderen Brunnen. Mehr wird nun aber nicht verraten.

FAZIT: SIGHTSEEING MAL ANDERS.

Hin & weg: Mit dem RE2 zum Bahnhof Cottbus.

Beste Zeit: Ganzjährig.

Dauer: Nach Belieben, zwischen einer Stunde bis zu einem ganzen Tag, es gibt viel zu entdecken!

Ausrüstung: Stift, Zettel (für Notizen), Smartphone mit der Geocaching-App, Taschenlampe, Pinzette (viele Caches sind in winzige Dosen eingerollt), kleines Tauschutensil, Kreativität.

2. KAPITEL
AUSFLÜGE

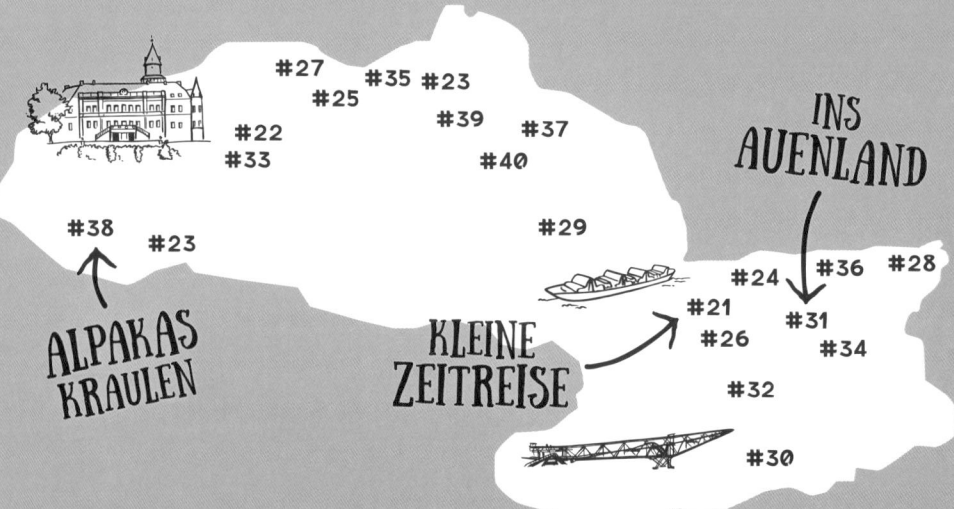

#27
#25 #35 #23
#39 #37
#22
#33 #40

INS
AUENLAND

#38
#23

#29

ALPAKAS
KRAULEN

KLEINE
ZEITREISE

#24 #36 #28
#21 #31
#26 #34

#32

#30

Raus für einen Tag

Für einen Tag in die Wüste, ins Mittelalter zu den Slawen, ins Kloster oder doch lieber das Jodeldiplom machen? Das nächste Abenteuer wartet ganz in der Nähe.

12 H

GANZ WIE DAMALS

... Spaziergang durch Lehde

Das romantische Örtchen Lehde sollte man bei einem Besuch im Spreewald nicht auslassen, die gesamte Dorfanlage ist denkmalgeschützt. Noch im 20. Jahrhundert war der Kahn in Lehde das übliche Verkehrsmittel, weshalb noch heute viele kleine Fließe (Wasserläufe) zu jedem Hof führen.

#frühereZeiten #sorbischesLeben #Spreewald

Noch immer wird in Lehde (niedersorbisch Lědy) im Sommer die Post mit dem Kahn geliefert, daher beginnt diese Tour ganz traditionell am Großen Lübbenauer Hafen, wo der Kahn-Linienverkehr nach Lehde startet.

Die Fahrt endet am Kahnhafen Lehde, Herz des kleinen Ortes, der insbesondere durch Theodor Fontanes Schilderungen vom »Kleinen Venedig« schon Ende des 19. Jahrhunderts unter Touristen sehr beliebt war. Direkt gegenüber liegt das Freilandmuseum Lehde (www.museums-entdecker.de). Es zeigt auf vier originalen, liebevoll restaurierten Bauern-

gehöften aus dem 19. Jahrhundert das Leben der Sorben und Wenden, die diese Kulturlandschaft prägten. Unbedingt sehenswert!

Der Ausgang befindet sich irritierenderweise an ganz anderer Stelle, nämlich An der Grobla. Hier nach links laufen und die schönen Bauernhäuser und blühenden Gärten bewundern, dann an der Dorfstraße nach rechts. Das sehr empfehlenswerte Restaurant Bauernschänke (www.spreewald-wenske.de) bietet typisches Essen wie Plinse (einen Eierkuchen aus Hefeteig), Kartoffeln mit Quark und Leinöl und regionalen Fisch an.

Im großflächigen Freilandmuseum Lehde stellen verschiedene Höfe und Gebäude das Leben im Spreewald im 19. Jahrhundert dar.

Weiter auf der Dorfstraße liegt nun rechts die Hotelanlage Starick, hinter der sich das Gurkenmuseum (www.gurkenmuseum.de) befindet. Das kleine Museum erzählt mit herrlichen originalen Exponaten von der Region und insbesondere der Gurkenherstellung. Nach Besuch der Ausstellung darf man noch eine Gratisgurkenkostprobe genießen und deckt sich am besten gleich im winzigen Hofladen mit leckeren Spreewälder Zutaten ein.

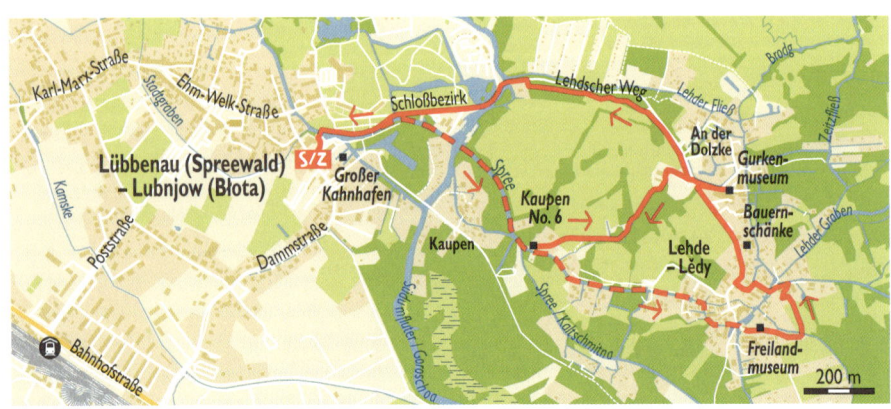

Jetzt unbedingt einen Abstecher zum schönen Restaurant Kaupen No. 6 (www.kaupen6.de) machen, dafür gegenüber dem Gurkenmuseum in den Schotterweg einbiegen. Auf den Kaupen, niedersorbisch für Insel, baute die sorbische Bevölkerung traditionell ihre Häuser, um vor Überflutungen geschützt zu sein. An Wiesen mit Ziegen und Gänsen geht es vorbei und nach wenigen Minuten liegt das kohlenschwarze Bauernhaus aus dem 19. Jahrhundert mit den typischen Spreewald-Verzierungen vor einem. Da dieser Teil Lehdes erst im Jahr 2000 eine Straße bekam, ist es noch heute üblich, mit dem Boot anzureisen und direkt an der Terrasse festzumachen. Die Speisekarte bietet ausgewählte lokale und typische Spreewald-Speisen. Tipp: Die hausgemachte Gurkenlimonade mit Limette und Basilikum probieren.

Dann geht es per Kahnlinie zurück oder eineinhalb Kilometer zu Fuß auf der Dorfstraße immer geradeaus zum Großen Lübbenauer Hafen. Dabei passiert man den Schlosspark Lübbenau, der ebenfalls sehr sehenswert ist.

Hin & weg: Mit dem RE2 nach Lübbenau, vom Bahnhof 20 Min. zu Fuß zum Großen Kahnhafen (Fahrplan: www.grosser-kahnhafen.de).

Beste Zeit: Lieber Neben- statt Hochsaison, z. B. im Mai. Öffnungszeiten beachten!

Dauer & Strecke: 4 km reiner Gehweg. Mit Museen schauen gute 6 Std. einplanen.

Ausrüstung: Appetit mitbringen!

FRÜHLINGS-GEFÜHLE

 ... in Bad Belzig

Ein strahlender Frühlingstag, perfekt für einen Familienausflug. Auf dem großen Gelände der historischen Springbach-mühle lässt es sich herrlich schlendern, Wildtiere beobachten und einkehren, bevor man im Rehapark im Duft der Rhododendren schwelgt und sich bei einer Kneipprunde erfrischt.

#Wald #Wassermühle #Wildtiere #Wassertreten #Fläming

Zwischen den Mühlteichen hat eine Schwanenfamilie ihr Zuhause gefunden. Von hier aus ist der Blick auf die Mühle, die sich im Wasser spiegelt, besonders schön.

haus erblickt, weist das Rauschen des Spring-baches den Weg durch den dichten Wald.

Die Springbachmühle (www.springbachmuehle.de) ist ein beliebtes Ausflugsziel der Bewohner des Hohen Flämings. Bei schönem Wetter kann es an den Wochenenden voll werden. Unter der Woche geht es deutlich entspannter zu.

Für viele ist auch das gute Essen ein Grund, sich zur Springbachmühle aufzumachen. In der warmen Frühlingssonne sitzt man gemütlich am Mühlteich, während im Hintergrund die alte Wassermühle klappert. Gemahlen wird hier schon lange nicht mehr. In den Räumlichkeiten der alten Mühle befindet sich heute die urige Gaststätte.

Zusammen mit Kind und Kegel geht es nach Bad Belzig zur Springbachmühle. 1749 als Papiermühle erbaut, wurde sie nach einem ver-heerenden Feuer im 19. Jahrhundert zur Mahl- und Schneidemühle umfunktioniert. Schon lange bevor man das große weiße Fachwerk-

Wenn alle gesättigt sind, unbedingt eine große Runde entlang der Wildgehege drehen. Im Frühling stehen die Chancen gut, auf nied-liche Rehkitze und Mufflonlämmer, die durch

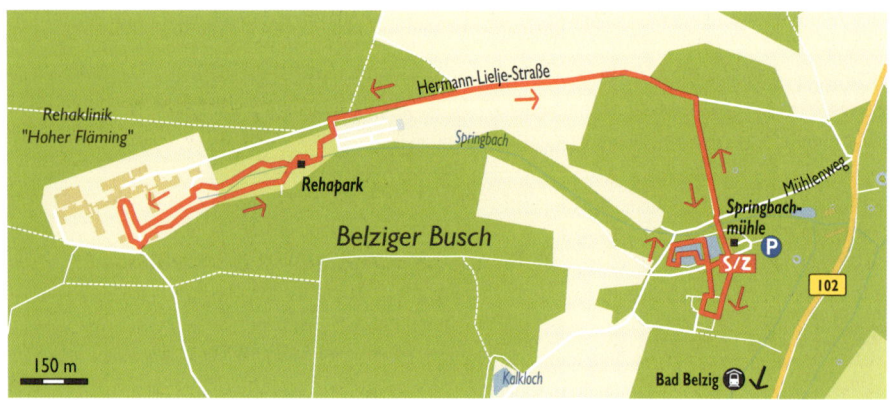

Schuhe aus und ab ins kühle Nass der Kneippbecken, die sich rund um das charmante Gebäude der Rehaklinik im historischen Park verstecken.

den Wald tollen, zu treffen. Über den hinteren Mühlteich führt ein Bohlensteg. Von hier aus hat man freien Blick auf die Schwanenfamilie und die Nutria.

Nach einem Abstecher zum Streichelzoo geht es über die Hermann-Lielje-Straße weiter zum Rehapark. Der knapp zwei Kilometer lange Weg verläuft ohne nennenswerte Steigungen durch Wiesen, Wälder und Felder.

Der idyllische Park der Rehaklinik ist für jeden frei zugänglich. Die weitläufige Anlage erstreckt sich rund um die 1900 errichtete ehemalige Lungenheilanstalt, die mit ihrem Fachwerk und den verspielten Türmchen eine märchenhafte Kulisse für einen Spaziergang bildet. Besonders schön ist der Park im Frühling, wenn die Rhododendren in voller Blüte stehen. Während man die Füße bei einem Gang durch das Natur-Kneippbecken erfrischt, kann man die Eichhörnchen beobachten, die flink von Baum zu Baum springen.

FAZIT: KURZWEILIGER AUSFLUG, DER DER GANZEN FAMILIE SPAẞ MACHT.

Hin & weg: Am einfachsten mit dem Auto zur Springbachmühle. Vor Ort gibt es kostenlose Parkplätze. Alternativ fährt der RE7 von Berlin-Hauptbahnhof in einer Stunde nach Bad Belzig. Die Springbachmühle ist 4 km vom Bahnhof entfernt.

Beste Zeit: Im späten Frühling, wenn der Rhododendron blüht.

Dauer & Strecke: Ca. 4–5 Std. inklusive Essen, 3 km Spaziergang.

Ausrüstung: Ein kleines Handtuch, um die Füße zu trocknen, Proviant für unterwegs.

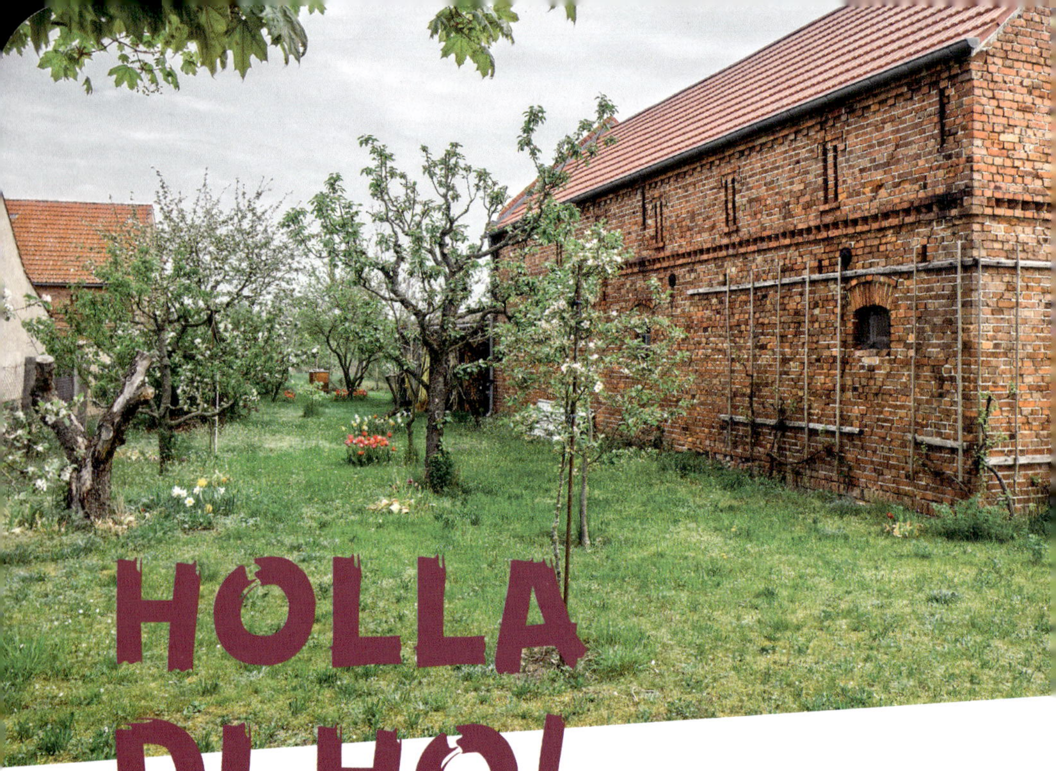

HOLLA DI HO!

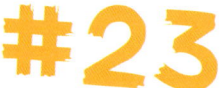

... Kräuterwandern und Jodeln in Tremsdorf

#23

Jodeln in Brandenburg? Das geht auch ohne Berge in der Natur rund um das brandenburgische Dörfchen Tremsdorf. Bei einer geführten Kräuterwanderung mit Jodeln wird gejuchzt und gejauchzt, entspannt und viel über die heimische Kräuterwelt gelernt. Holleri dudel jö!

#Fläming #NaturparkNutheNieplitz #rausinsGrüne #juchzenundjauchzen

Mit viel Spaß teilt Gabi Sußdorf bei der Kräuterwanderung ihr großes Wissen über heimische Kräuter.

Los geht es an der alten Schule in Tremsdorf. In dem roten Backsteinhaus produziert Gabi Sußdorf mit viel Handarbeit und Liebe zum Detail Seifen und Kosmetik. In Workshops und bei Wanderungen teilt sie ihr großes Wissen rund um Kräuter und Naturkosmetik mit Neugierigen. Neben klassischen Wildkräuterwanderungen werden in Tremsdorf auch außergewöhnliche Kombinationen wie Wildkräuterwandern und Jodeln angeboten (www.gabis-seifenmanufaktur.de). Am besten erreicht man Tremsdorf mit dem Auto, denn am Wochenende fährt kein Bus dorthin. Gabi Sußdorf hilft aber gerne bei der Organisation einer Mitfahrgelegenheit.

Nach einem ausgedehnten Brunch mit Leckereien aus Wildkräutern und dem einen oder anderen Gläschen Wermut werden die Wanderschuhe geschnürt. Der Weg führt durch den Naturpark Nuthe-Nieplitz. Schnell wird klar, dass unerfahrene Sammler nicht alleine auf Tour gehen sollten. Zu groß ist die Gefahr, ein harmloses mit einem giftigen Kraut zu verwechseln.

Während sich der Korb mit verschiedenen Kräutern füllt, erzählt Gabi Sußdorf spannende Geschichten rund um die Pflanzen und gibt Tipps zur Verwendung. So lernt man unter anderem, dass Gundermann ein wahres Super-

Blick auf die Kernzone des Naturparks Nuthe-Nieplitz, in der sich die Natur ungestört entwickeln kann.

kraut ist und frische Hopfentriebe früher als Spargelersatz genutzt wurden.

Im Laufe der Wanderung wird immer wieder auf Waldlichtungen oder dem freien Feld pausiert. Unter fachkundiger Anleitung kann man in der warmen Frühlingssonne die ersten Jodelversuche unternehmen. Schon nach wenigen Augenblicken schallen Juchzer, Lacher und die ersten Lieder über die Wiesen. Wenn die anfängliche Scheu überwunden ist, spürt man schnell, wie glücklich Jodeln macht.

Wandern und Jodeln machen hungrig. Gut, dass am Ende das Büfett aus mitgebrachten Leckereien wartet.

Dass Jodeln mehr als das typische Alpenklischee ist, wird rasch klar. Seit Jahrhunderten jodeln Natur- und Bergvölker, um sich zu verständigen und ihren Gefühlen Ausdruck zu verleihen. Ob man singen kann oder nicht, spielt dabei keine Rolle.

Bei der Wanderung können sich alle Sinne entfalten: Es wird geschmeckt, geschaut, gehört und gefühlt. Am späten Nachmittag werden die gesammelten Kräuter zu einem Frischkrautsalz verarbeitet. Ein letztes Mal schallen beim abschließenden gemeinsamen Essen, zu dem jeder eine Kleinigkeit beigesteuert hat, freudige Jodler durch Tremsdorf.

Übrigens: Auch in Jeber-Bergfrieden, ganz im Süden des Flämings, bietet Gabi Sußdorf verschiedene Kräuterwanderungen und spannende Workshops an.

FAZIT: WAS SICH ERST NACH EINER VERRÜCKTEN IDEE ANHÖRT, ENTPUPPT SICH ALS GROBARTIGE KOMBINATION FÜR NATURLIEBHABER.

Hin & weg: Nach Tremsdorf per Auto, Parkplätze vor der alten Schule, Gabi Sußdorf hilft bei der Organisation von Fahrgemeinschaften. Nach Jeber-Bergfrieden per RE 7 von Berlin. Treffpunkt in der Rotdornstraße 12.

Beste Zeit: Verschiedene Wanderungen und Workshops werden ganzjährig angeboten, fürs Wildkräuterwandern eignet sich die Zeit von Mai bis August am besten, Anmeldung erforderlich (info@gabis-seifenmanufaktur.de).

Dauer: 6–7 Std.

Ausrüstung: Wanderschuhe, lange Hose zum Schutz vor Zecken, eine Kleinigkeit für das Abschlussessen.

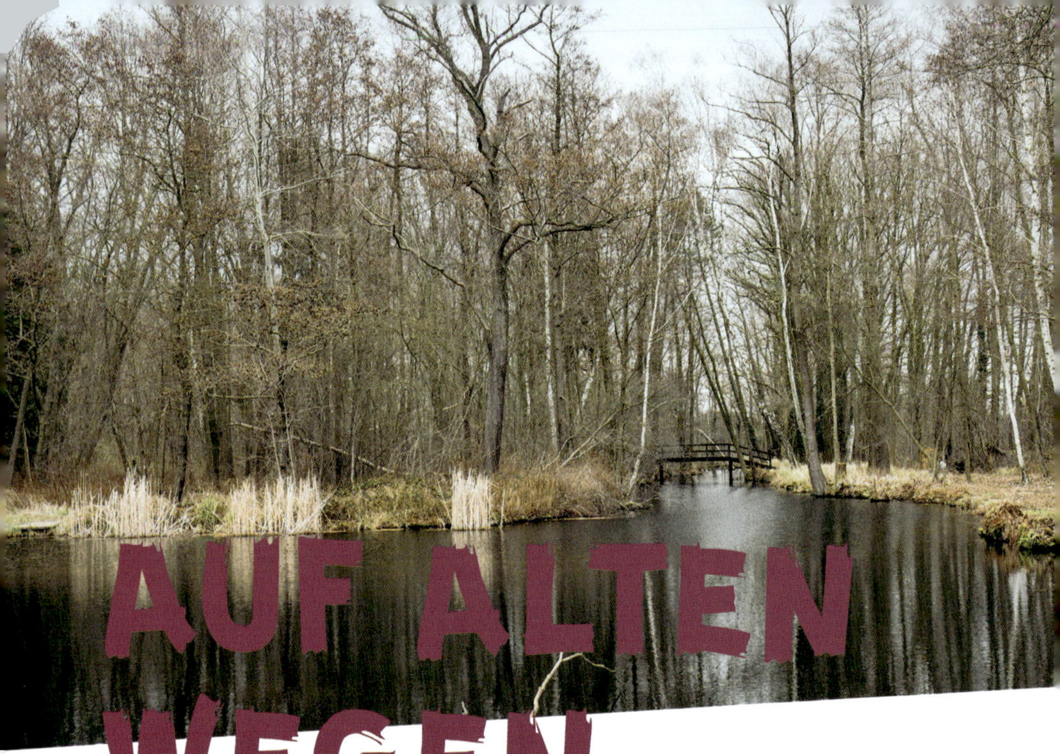

AUF ALTEN WEGEN

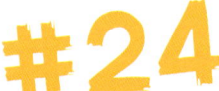

... Rundwanderung in Straupitz

#24

Warum die riesigen, uralten Byttna-Eichen einst gepflanzt wurden, ist nicht genau bekannt, vermutlich war die Allee früher ein wichtiger Verkehrsweg. Dieser sechs Kilometer lange Rundgang durch das im Spreewald gelegenen Straupitz bietet außerdem noch weitere erstaunliche Highlights.

#alteBäume #berühmteKirchen #fürEisenbahnfans #Spreewald

Schon von Weitem sind die hohen Türme der Schinkelkirche in Straupitz (niedersorbisch Tšupc) zu erkennen, benannt nach dem preußischen Architekten Karl Friedrich Schinkel, der die Kirche auf Wunsch der Adelsfamilie von Houwald entwarf. Eine Besichtigung muss bei der Kirchengemeinde angemeldet werden (www.ev-kirchgemeinde-straupitz.de). Von hier geht es auf der Kirchstraße zwischen zwei Obelisken hindurch, die das Dorf vom weitläufigen Areal des Gutshauses trennten. Ein kurzes Stück weiter steht das nächste High-light: ein originaler Kornspeicher aus dem Jahr 1798. Einem Verein ist es zu verdanken, dass das schöne Fachwerkgebäude noch besteht und Führungen sowie Kaffee und Kuchen angeboten werden (www.kornspeicher-straupitz.de). Im nahe gelegenen Gutshaus befindet sich heute eine Grundschule, dort links abbiegen und im weitläufigen Schlosspark den Waldgraben entlanglaufen. An der Gabelung links halten und am nächsten Abzweig an der Waldschule links dem Schild zu den Byttna-Eichen folgen.

Auf der Allee geht es nun links zurück nach Straupitz, einen Schlenker nach rechts sollte man jedoch noch machen, um einige der beschilderten riesigen Eichen zu bestaunen. Die größte, die Kaiser-Wilhelm-Eiche, hat einen Umfang von über sieben Metern.

Der Weg führt nun über die große Cottbuser Straße und teils auf Trampelpfaden zur Straße An der neuen Försterei. Um sich hier nicht zu verlaufen, ist ein Navi hilfreich. Die Straße führt geradewegs zum alten Spreewaldbahnhof Straupitz, einst Hauptbahnhof der Spreewaldbahn, die 1983 endgültig ihren Dienst einstellte. Heute erstrahlt der Bahnhof in neuem Glanz, denn neue Besitzer haben ihn aufgepäppelt und zum Café Mohnamour ausgebaut. Am Wochenende und manchmal innerhalb der Woche werden hier leckere selbst gebackene Kuchen und hervorragender Kaffee angeboten. Nebenan hat der Verein Spreewaldbahn alte Loks und Waggons ausgestellt, die auf den alten Gleisstücken besichtigt werden können (www.ig-spreewaldbahn.de).

Letzter Stopp der Tour ist die Holländerwindmühle Straupitz (www.windmuehle-straupitz.de), die über die Bahnhofstraße und Laasower Straße zu erreichen ist. Sie ist die letzte noch produzierende Dreifachmühle Europas, allerdings sind Säge- und Kornmühle nicht mehr in Betrieb. Die Ölmühle stellt heute noch das für den Spreewald typische Leinöl her. Mit einer Eintrittskarte kann man nicht nur die Ausstellung im Innern der Mühle besuchen und dem aktiven Ölmahlbetrieb zuschauen, sondern auch an einer Verkostung im Restaurant teilnehmen. Prädikat empfehlenswert!

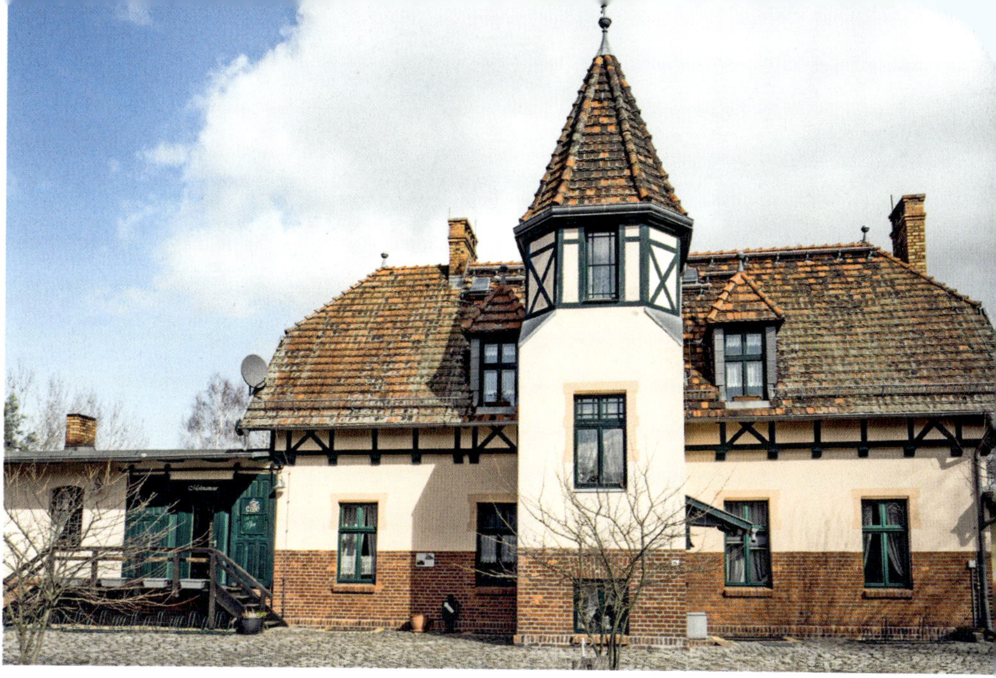

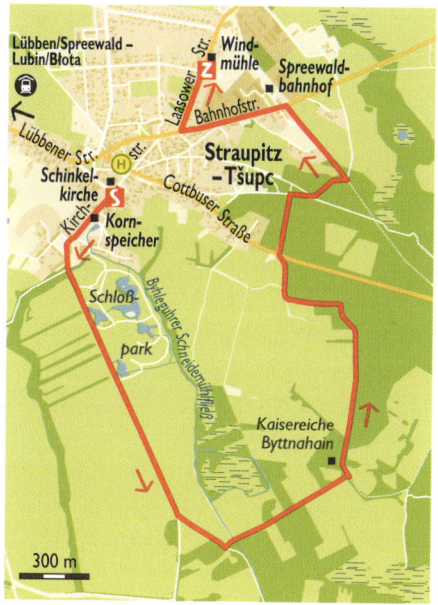

Am alten Spreewaldbahnhof Straupitz fahren heute leider keine Züge der alten Spreewaldbahn mehr. Neue Besitzer haben ihn jedoch restauriert und führen hier das kleine Café Mohnamour.

FAZIT: DORF- UND WALDRUNDGANG JENSEITS DES SPREEWALD-TRUBELS MIT SPANNENDEN STOPPS.

Hin & weg: Vom Bahnhof Lübben in ca. 30 Min. mit dem Bus 500 zum Dorfplatz Straupitz. Fahrradwege sind auf dieser Strecke nicht durchgehend vorhanden.

Beste Zeit: Ganzjährig möglich, im November mit morbidem Charme, hübscher im Frühling, wenn die Bäume austreiben.

Dauer & Strecke: 6,5 km, reine Gehzeit 1–2 Std., mit allen Stopps 3–4 Std.

Ausrüstung: Gutes Schuhwerk, der Weg kann matschig sein. Appetit für Restaurant und Café.

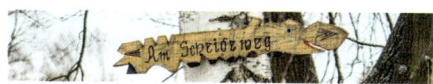

UNTENRUM FREI!

 ... barfuß unterwegs in Beelitz-Heilstätten

 **#25**

Wann sind Sie das letzte Mal richtig barfuß gelaufen – mit Bodenkontakt, spitzen Steinen und warmer Erde? Im Barfußpark Beelitz-Heilstätten, in Sichtweite des berühmten Lost Place Beelitzer Heilstätten, heißt es nun: »Aus die Strümpfe, fertig, los!«

#Matschenundpatschen #LostPlace #derNaturnahe #Fläming

Zeigt her eure Füße!
Barfuß geht es durch
Torf und über Glas-
scherben. Matschen ist
ausdrücklich erlaubt.

Vor den Toren von Berlin liegt im dichten Kiefernwald Brandenburgs bekanntester Lost Place: die Beelitzer Heilstätten. Zwischen alten, dicken Mauern, Schutt, eingeworfenen Fenstern, Graffiti und Spinnweben kann man heute noch die frühere Schönheit der Tuberkuloseklinik erahnen.

In den letzten Jahren ist das beeindruckende Gelände aus seinem Dornröschenschlaf erwacht. Die ersten Häuser wurden saniert, Führungen durch das Gelände werden angeboten, und der Baumkronenpfad sorgt für spannende Ein- und Ausblicke von oben, der Barfußpark für Entspannung von unten.

In Sichtweite der alten Chirurgie führen drei verschiedene Rundwege auf drei Kilometer Wegstrecke durch den dichten Wald. Nachdem man seine Schuhe in den kostenlosen Schließfächern verstaut hat, wandert man barfuß über große Steine, pieksige Tannenzapfen und durch glitschigen Schlamm. So kann man auf dem Areal des Barfußparks heute wieder etwas für die eigene Gesundheit tun und Füßen und Gedanken freien Lauf lassen.

Zugegeben, anfangs ist es ganz schön ungewohnt und ungemütlich, über spitzen Schotter und kleine Kiesel zu laufen, doch nach und nach gewöhnen sich die Füße immer

Im Kräutergarten duftet es herrlich nach Rosmarin und Colakraut. Hier wachsen neben einheimischen Kräutern auch allerlei exotische Pflanzen.

mehr an das Kribbeln. Ohne Schuhe muss man sich mehr auf die Umgebung konzentrieren. So geht man bedächtiger, achtet nur auf die wechselnden Untergründe und schaltet schnell ab. Der Park ist so aufgebaut, dass sich niemand verlaufen kann. Alle Stationen sind beschildert und teilweise mit kurzen Erklärungen versehen.

Hinter einer Kurve glitzert es verheißungsvoll. Was auf den ersten Blick wie ein Becken voller Diamanten aussieht, entpuppt sich bei genauerem Hinsehen als Glasscherben, die in der Sonne leuchten. Auch wenn man weiß, dass die Ecken der Scherben abgerundet sind, sorgen die Schritte über den Glasteppich für den ersten Nervenkitzel. Kitzelig wird es auch im Kneippbecken, in dem kaltes Wasser den Blutkreislauf anregt und die Füße stimuliert.

Am Wegesrand warten 60 Naturerlebnisstationen auf neugierige Forscher und mutige Kletterer. Ohne Schuhe ist es gar nicht so einfach, auf der wackelnden Brücke die Balance zu halten. Auf der nahen Sprunganlage

Hin & weg: Von Berlin-Hauptbahnhof mit dem RE7 nach Beelitz-Heilstätten. Vom Bahnhof aus den Hinweisschildern folgen. Der Barfußpark liegt nur wenige Gehminuten entfernt im Wald (www.derbarfusspark.de).

Beste Zeit: Der Barfußpark hat von Ende April bis Anfang Oktober geöffnet und macht bei jedem Wetter Spaß!

Dauer: 4–5 Std.

Ausrüstung: Regenjacke oder Poncho bei Regen, Sonnenhut bei Hochsommerwetter, Sonnencreme, kurze oder leicht krempelbare Hosen (Röcke, Kleider …), ein Handtuch für die Füße.

kann man die eigenen Weitsprungfähigkeiten mit denen der Waldbewohner messen, und ein paar Kurven weiter lädt ein Kräutergarten zum Fühlen und Schnuppern ein.

Bei einem leckeren Cappuccino und einem erfrischenden Eis kann man nach getaner Wanderung im Barfußpark-Café die Füße hochlegen, Löcher in den Wald gucken und die Ruhe genießen. Zum Abschluss spaziert es sich wunderbar über den nahen Baumkronenpfad, oder man nutzt die Möglichkeit und nimmt an einer Gebäudeführung teil, um mehr über die spannende Geschichte der Beelitzer Heilstätten zu erfahren.

Tipp: Wer Barfußpark und Baumkronenpfad zusammen erkunden möchte, kann ein Kombiticket erwerben.

BEI DEN SLAWEN

... in Raddusch

#26

Eine echte Slawenburg, gibt's das wirklich noch? Fast. Die Slawenburg Raddusch ist ein originalgetreuer Nachbau einer früheren Burg, wie es viele im Lausitzer Raum gab. Ein ausgiebiger Besuch lohnt, die Ausstellung zwischen den alten Mauern wurde gerade erneuert.

Links: Auf dem Weg zur Slawenburg kann man viel über das Leben der Menschen von der Frühzeit bis heute in dieser Region erfahren. Rechts: Am Naturhafen in Raddusch im Spreewald geht es auch heute noch gemächlich zu.

Einst war die gesamte Gegend der Niederlausitz mit Wallanlagen und Burgen der Lusitzi durchzogen, eines slawischen Stammes, dem die Lausitz ihren Namen verdankt. Im 9. und 10. Jahrhundert bauten die Lusitzi in der gesamten Region Fluchtburgen für die Bevölkerung. Eine solche Burg wurde nun in Raddusch (niedersorbisch Raduš) wieder aufgebaut (www.slawenburg-raddusch.de).

Hinter dem Kassenhäuschen sieht man erst einmal – gar nichts. Das Gelände ist sehr groß, und so wurde es genutzt, um mittels eines hindurchführenden Weges die Geschichte der Lausitz über viele 1000 Jahre zu erzählen. Vor 10 000 Jahren wanderten Rentierjäger in die tundraartige Landschaft nach der Eiszeit ein. Später breiteten sich die ersten Wälder aus und die Menschen begannen, Ackerbau zu

betreiben. Nach und nach werden die Zeitspannen kürzer, Schilder erklären die Veränderungen der Region, bis am Ende, fast unbemerkt, die Slawenburg immer näher rückt und die Zeittafel mit dem Einzug der Slawen, dem Bergbau in der Lausitz und dem Fall der Berliner Mauer endet.

Ordentlich eingestimmt auf die Geschichte, geht es endlich in die Burg hinein: Als Holzkonstruktion mit Weidengeflecht, Lehm- und Trockenmauern errichtet, misst sie stattliche 36 Meter Durchmesser und sieben Meter Höhe. Über ein Gerüst geht es nach oben, hier bietet sich ein weiter Blick auf die Landschaft.

Innerhalb der Mauern befindet sich eine interessante archäologische Ausstellung. Viele Exponate, die in der Region durch den Tage-

Ein Weidenzaun schützt den Ausguck der Slawenburg. Die Burg wurde nach neuesten Erkenntnissen originalgetreu aufgebaut.

bau zutage gefördert wurden, zeigen Alltags- und Kunstgegenstände der Slawen. Der Bau der Slawenburgen wird erläutert, ebenso die wechselvolle Geschichte der Niederlausitz bis zum Braunkohletagebau.

Nach dem Besuch sollte man die Gelegenheit nicht verpassen, den Naturhafen Raddusch kennenzulernen (www.raddusch-hafen.de). Dieser romantisch im Wald gelegene Hafen liegt etwas abseits der üblichen Touristenpfade und bietet einen stillen Einblick in den wunderschönen Spreewald. Kahnfahrten werden natürlich ebenfalls angeboten.

FAZIT: SPANNENDER AUSFLUG IN DIE VERGANGENHEIT.

Hin & weg: Der RE2 hält unregelmäßig (genauen Fahrplan beachten!) in Raddusch.

Beste Zeit: Für einen Besuch inklusive einer Kahnfahrt April bis Oktober.

Dauer & Strecke: Slawenburg mindestens 2 Std., Kahnfahrt ebenfalls 2 Std. Vom Bahnhof Raddusch zur Slawenburg sind es 2 km.

Ausrüstung: Proviant, es gibt wenige Möglichkeiten zur Einkehr. Genügend Bargeld für den Eintritt und die Kahnfahrt.

KLOSTER-FREUDEN

⋺ ... beim Wandern rund um den Klostersee ⋹

#27

Eine Wanderung um den Klostersee in Lehnin entschleunigt fast automatisch. Rund um den See läuft man über einsame Wege vorbei an verwunschenen Gebäuden. Ob im Sommer mit Badepausen und Bootstouren oder in der stillen Winterruhe, der abwechslungsreiche Wanderweg lohnt sich das ganze Jahr.

Blick auf den Emsterkanal im warmen Abendlicht. Der beschauliche Kanal darf nur mit Kanus und kleinen Sportbooten befahren werden.

Öffnungszeiten des Cafés und zum Bootsverleih siehe www.lehniner-institut-fuer-kunst.de).

Wer lieber wandern will, folgt den Schildern mit dem grünen Kreis entlang dem Weg Am Klostersee. Nach wenigen Metern passiert man das Strandbad mit originalgetreuer Architektur der Dreißigerjahre. Im Sommer lohnt es sich, ein bisschen länger zu bleiben und in dieser familiengerechten Anlage eine Badepause einzulegen.

Weiter geht es durch den Kiefernwald bis zum Dorf Nahmitz. Nachdem man den Diakonissenfriedhof passiert hat, kann man im charmanten Café Zuckersüß bei einem Stück hausgemachter Torte und einer Tasse Kaffee eine Pause einlegen und danach den Lehniner Koigarten besuchen. Von dort aus läuft man direkt am romantischen Emsterkanal entlang zurück zum Ausgangspunkt der Wanderung.

Vom Busbahnhof Lehnin geht es Richtung Norden über die Goethestraße und die Emstaler Landstraße bis zum Marktplatz. Von der fast 200-jährigen Friedenseiche führt der Weg durch den Ort über die Damsdorfer Chaussee, die Mühlengasse und die Straße am Klostersee zum Klostersee. Nach knapp eineinhalb Kilometern erreicht man den Skulpturenpark, der malerisch schön am See gelegen ist. Überall im Park laden zeitgenössische Skulpturen, Ateliers, Werkstätten und die Galerie mit wechselnden Ausstellungen zum Erkunden ein.

Mit leisem Gluckern schwappt das Wasser gegen die Ruderboote, die am Ufercafé im Skulpturenpark auf Neugierige warten. Bei schönem Wetter lohnt es sich, hier ein Boot auszuleihen und über den See zum Kloster Lehnin zu rudern. (Zu den etwas unregelmäßigen

Zum Abschluss unbedingt über das Gelände des altehrwürdigen Zisterzienserklosters, in dem heute Diakonissen untergebracht sind, spazieren. Die bis aufs Wesentliche reduzierte Klosterkirche kann kostenlos besichtigt werden. Danach in aller Ruhe dem Vogelkonzert im Park lauschen und durch den Kräutergarten streifen. Unterwegs kann man sich zwischen alten Obstbäumen, historischen Mauern und dem Amtshaus aus dem 17. Jahrhundert, in dem das Klostermuseum untergebracht ist, auf spannenden Schautafeln über die Klostergeschichte informieren.

Das Kloster Lehnin ist ein wunderbar lebhafter Ort. Einheimische und Gäste nutzen die Wiesen zum Spielen und Picknicken oder bummeln über das zauberhafte Gelände.

Hin & weg: Von Potsdam-Hauptbahnhof mit dem Bus 580 zum Busbahnhof Kloster Lehnin.

Beste Zeit: Ganzjährig schön.

Dauer & Strecke: 4–5 Std., 8 km Wanderung, teilweise entlang einer wenig befahrenen Landstraße.

Ausrüstung: Im Sommer Badesachen, gute bequeme Schuhe, Proviant, zur Sicherheit ein Handy mit GPS.

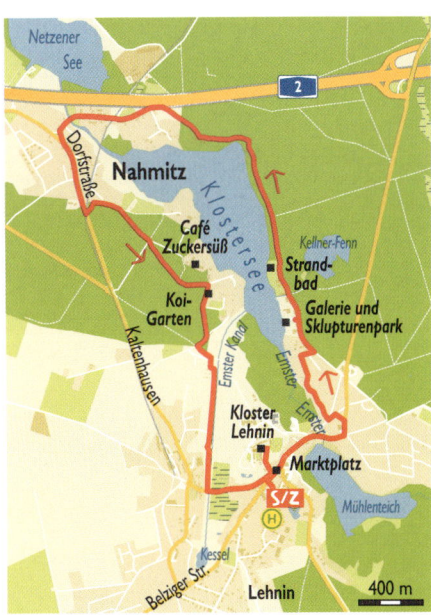

GRENZ-GÄNGE

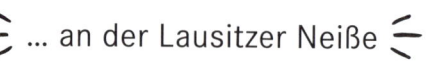 ... an der Lausitzer Neiße

 Wer auf dem Oder-Neiße-Radweg im Süden Brandenburgs fährt, passiert südlich von Frankfurt/Oder das kleine Städtchen Guben, das eine Besonderheit hat: Die Stadt liegt in zwei Ländern. Nach 1945 fiel der Stadtteil östlich der Neiße an Polen und heißt heute genau wie im Sorbischen Gubin.

#Grenzüberschreitung #Flusslandschaft #Niederlausitz

Vom geteilten Ort Guben/Gubin führt der Oder-Neiße-Radweg auf teils unbefestigten Wegen durch Wiesen und Felder.

Von Guben/Gubin aus kann man hervorragend auf beiden Seiten der Lausitzer Neiße Fahrrad fahren, oder man leiht sich Kajaks aus und paddelt auf dem recht wild belassenen und an dieser Stelle schifffahrtsfreien Fluss. Oder man bleibt einfach im Städtchen, geht polnisch essen und schaut sich einige der spannenden Museen und alten Fabrikantenvillen an, denn Guben war früher die bekannteste Hutmacherstadt Europas. Umso verwunderlicher, dass das Städtchen heute unbekannt zu sein scheint.

121

Die leichte Fahrradtour führt auf der deutschen Seite circa zehn Kilometer nach Norden und auf der polnischen wieder zurück. Der Radweg liegt teilweise ein Stück von der Neiße entfernt, an deren Ufer ein Fußweg entlangführt. Man kann diese Strecke daher auch laufen oder das Fahrrad auf Teilstrecken auf dem Fußweg schieben.

An mehreren Stellen der Neiße stehen alte Brückenpfeiler als stille Mahnmale an den Ufern. Die Deutschen zerstörten 1945 die Brücken wegen der vorrückenden Roten Armee. Die modern aussehende Brücke bei Coschen ist daher eine der wenigen Gelegenheiten, um nach Polen »rüberzumachen«. Der Weg zurück ist nicht ganz so gepflegt wie der Oder-Neiße-Radweg, dennoch gut zu befahren. An uralten Bauerngehöften geht es vorbei und über manches Kopfsteinpflaster. Die Lausitzer Neiße ist hier an vielen Stellen wild bewachsen und ursprünglich belassen – der beste Schutz gegen Hochwasser. In Guben gibt es dafür hohe Schutzmauern.

Zurück in der Stadt, lohnt der polnische historische Stadtkern in Gubin mit der Ruine einer riesigen spätgotischen Kirche aus dem 14. Jahrhundert. Sie wurde im Zweiten Weltkrieg zerstört und anschließend nicht mehr wieder aufgebaut. Direkt nebenan befindet sich zudem der Ratskeller Tercet (www.ratskeller-gubin.eu) mit guter polnisch-deutscher Küche.

Im deutschen Teil ist der Besuch des Stadt- und Industriemuseums über die Geschichte der Hutmacherstadt sehr empfehlenswert (www.technikmuseen.de). Hier erfährt man nicht nur

Die Lausitzer Neiße ist zu großen Teilen naturbelassen und lockt im Frühsommer mit herrlichen gelben Rapsfeldern rundherum. Auch ein Besuch im hübschen polnischen Teil der Stadt Guben/Gubin lohnt sich.

Interessantes aus der Vergangenheit, sondern kann auch selbst ausprobieren, wie die alten Maschinen funktionieren.

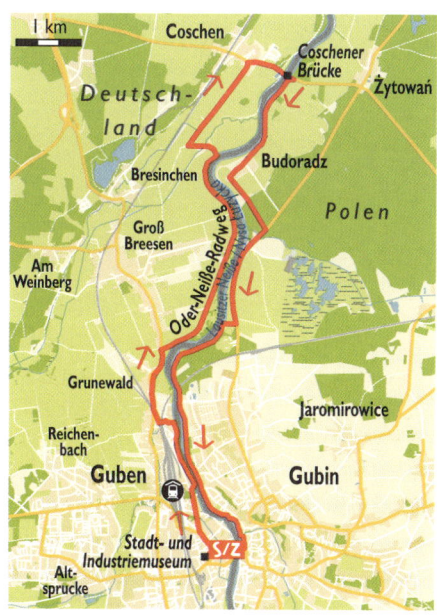

Hin & weg: Über Cottbus bzw. Frankfurt/Oder mit dem RB11 bis nach Guben. Infos zum Radweg unter www.oder-neisse-radweg.de und zum Kajakverleih unter www.expeditours.de

Beste Zeit: Frühling bis Herbst.

Dauer & Strecke: 20 km, mit Stadtentdeckung gut und gerne 6 Std.

Ausrüstung: Reisepass/Ausweis – sicher ist sicher.

MIT TANGO ZUM GLÜCK

... tanzen im Bahnhof Klasdorf

#29

Der Bahnhof Klasdorf ist viel mehr als nur ein gemütliches Café im Grünen: Er ist ein Ort zum Schlemmen, Begegnen, Musikhören und -machen, zum Tanzen und Träumen. Mitten im Nirgendwo finden hier Tangoworkshops und Konzertabende statt.

Ein Besuch im Museumsdorf Glashütte gleicht einer Zeitreise. Die liebevoll restaurierten Glasmacherhäuser stehen heute unter Denkmalschutz.

füllt und einen kreativen Begegnungsort im Grünen geschaffen. Von Anfang Mai bis Ende September bewirtet sie ihre Gäste an den Wochenenden und Feiertagen mit hausgemachten Leckereien und Produkten aus der Region.

Getaucht in das Licht der warmen Frühlingssonne, sitzen Einheimische, Entdecker und Ausflügler im urigen alten Güterschuppen. Die großen Tore sind aufgeschoben. Fast scheint es, als würde man unter freiem Himmel sitzen.

Der Blick fällt hinaus auf den dichten Wald und die alten Gleise. An Gleis 3 begann einst die Pferdebahn zum denkmalgeschützten Industriestandort Glashütte. Das heutige zauberhafte Museumsdorf, das an Bullerbü erinnert, kann man nach einer drei Kilometer langen Wanderung erreichen (www.museumsdorf-glashuette.de). Dort, wo früher im großen Stil Glas produziert wurde, finden sich heute in herrlich kreativer Atmosphäre individuelle Läden und verschiedene Ausstellungen. Nach

Wer in Klasdorf aus dem Waggon des Regionalexpress 5 steigt, wird vom verführerischen Duft von frisch gebackenem Kuchen und Kaffee begrüßt. Katharina Schicke hat sich in dem 1907 erbauten Bahnhof ihren Traum er-

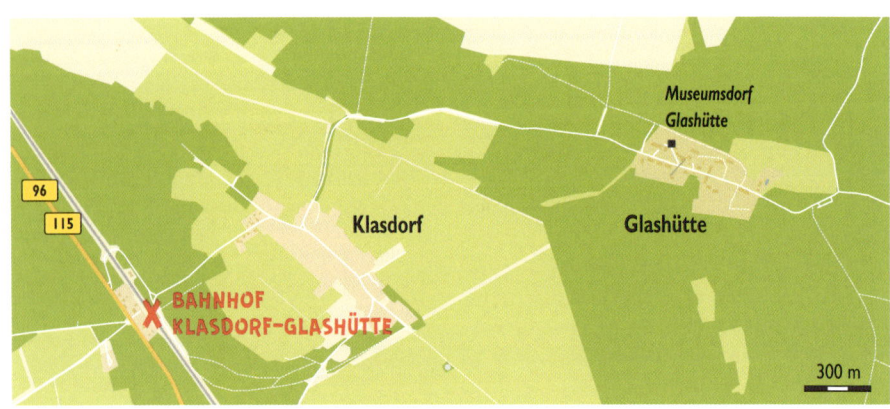

Nach einem Bummel durch Glashütte (links) und einem Spaziergang über den Naturlehrpfad warten im Bahnhof Klasdorf Köstlichkeiten auf Hungrige (rechts).

einem Bummel durch den Ort lohnt sich ein Spaziergang über den dreieinhalb Kilometer langen Naturlehrpfad.

Am Nachmittag geht es dann zurück nach Klasdorf. Wer nach einem ausgedehnten Kaffeeklatsch mit Kirschkuchen und dem einen oder anderen Gläschen Baruther Wein Lust auf noch mehr Bewegung hat, bleibt einfach noch länger im Bahnhof. Mit ein bisschen Glück weht am Abend der Klang von Jazz-, Tango- oder Tanzmusik über die Gleise. Im alten Bahnhofsgebäude finden immer wieder Konzerte statt. Der Jazzexpress und der Tangowaggon wechseln sich mit dem Tanztee Interregio ab. Auch im Winter gibt es immer wieder gemütliche »Offene-Bühne-Abende«. Willkommen ist jeder mit Lust auf Musik und Austausch (www.bahnhof-klasdorf.de).

FAZIT: BULLERBÜ-FEELING, KOMBINIERT MIT KIRSCHKUCHEN UND HÜFTENWACKELN, IST EIN GARANT FÜR GLÜCKSGEFÜHLE.

Hin & weg: Der RE5 Rostock–Elsterwerda hält neunmal täglich am Bahnhof Klasdorf. Alternativ kann man vom Bahnhof Luckenwalde aus über die Flaeming-Skate nach Klasdorf radeln.

Beste Zeit: Immer dann, wenn auch Konzerte oder Musikabende stattfinden. Öffnungszeiten vom Bahnhof und vom Museumsdorf Glashütte beachten.

Dauer & Strecke: Ca. 7 Std. für einen gemütlichen Kaffeeklatsch und den Besuch im Museumsdorf Glashütte, bei Konzertbesuch gerne länger. Wanderung entlang dem alten Schienenstrang nach Glashütte 3 km.

Ausrüstung: Mückenschutz und etwas Geld für Kaffee und Kuchen.

FAST UNTER- IRDISCH

 ... im Tagebau Welzow-Süd

#30

Die Landschaften der Niederlausitz sind zu großen Teilen aus Braunkohletagebauen entstanden und kaum mehr als solche zu erkennen. Was nur wenige wissen: Den noch aktiven Tagebau Welzow-Süd kann man mit einer geführten Tour besichtigen.

#Energie #Wüstenplanet #Niederlausitz

Fast schwarz sieht die Braunkohle im Kohleflöz aus, den der riesige Bagger hier viele Meter unter der eigentlichen Erdoberfläche erreicht hat.

→ AUSFLÜGE

Man mag zum Braunkohletagebau stehen, wie man will: Eine Tour in einen noch aktiven Tagebau mit seinen riesigen Maschinen und dem freien Blick auf die Erdschichten bis runter auf die dunkle Kohle ist schon etwas ganz Besonderes und wird nicht oft geboten.

In Welzow (niedersorbisch Wjelcej) unterstützt man damit nicht den Tagebau, sondern den Verein excursio, der sich dem Tourismus um den Tagebau widmet und in naher Zukunft immerhin eine kleine Arbeitsplatzalternative bietet, wenn der Tagebau eingestellt wird, wie es die Pläne derzeit vorsehen.

Wer sich fragt, wie so ein Tagebau funktioniert, wie der Wasserspiegel abgesenkt wird, wie man Absenkungen verhindert und wie so ein Gelände auf die Nachnutzung vorbereitet wird, ist in Welzow-Süd genau richtig. Die Touren führen – je nach Dauer und Schwerpunkt – mit dem Geländewagen erst auf die obere Etage, auf der die Erdschichten abgetragen werden. Skurrile Farben und Formen sind zu sehen, fast wähnt man sich in der Trockenwüste Chiles, so groß und endlos scheint die abgebaggerte Fläche zu sein. »Eine morbide Schönheit« nennen es manche Kohlekumpel, und das ist durchaus nachvollziehbar.

Zwischendurch: Steine, Überreste von älteren Bergbauarbeiten und lange Fließbänder, die den sogenannten Abraum, die überflüssige Erdschicht, abtransportieren. Seltsam aussehende Stücke von Rinde liegen herum: Xylit oder auch Schieferkohle ist altes pflanzliches Material mit geringem Inkohlungsgrad. Als der Gästeführer erzählt, dass diese Überreste von Pflanzen stammen, die vor Millionen von Jahren gelebt haben, gibt es große Augen. Weiter geht es nun zum Kohleflöz, die Grube ist so riesig wie die Schaufelradbagger beeindruckend. Eine Förderbrücke F60 befördert die Kohle weiter.

»Gott schuf die Niederlausitz, der Teufel legte die Kohle darunter«, lautet hier ein gängiges Sprichwort, und nirgendwo sonst kann man das so gut erkennen wie hier.

Nachdem alle Fragen der Teilnehmenden beantwortet sind, geht es zu den Rekultivierungsmaßnahmen, die bei jedem Tagebau bereits zum Start der Grabungen festgelegt werden. Anschaulich wird das am Gut Geisendorf, Überbleibsel eines Ortes, der dem

Hin & weg: Mit dem RB49 nach Neupetershain, dann 4 km zu Fuß, mit Fahrrad oder Bus 886 nach Welzow. Die Touren starten und enden im excursio-Besucherzentrum (www2.bergbautourismus.de) in der Heinrich-Heine-Straße 2. Das Gut Geisendorf liegt 2 km nördlich vom Neupetershainer Bahnhof in der Jahnstraße 7a.

Beste Zeit: Ganzjährig.

Dauer: Je nach gewählter Tour; die empfehlenswerte Erlebnis-Bergbau-Tour dauert etwa 4 Std.

Ausrüstung: Feste Schuhe, lange Hosen (am besten Jeans). Kein Dutt, es besteht Helmpflicht!

Tiefer und tiefer gräbt sich der riesige Schaufelradbagger ins Erdreich. Die Landschaft: leer und wüst, fast wähnt man sich in der chilenischen Wüste - oder auf dem Mond.

Tagebau weichen musste, heute Kulturforum der Lausitzer Braunkohle mit Ausstellungen zum Tagebau und der Rekultivierung der Folgelandschaft. Einige der Touren inkludieren einen Besuch, der ohnehin zu empfehlen ist.

Im schönen Garten kann man sich niederlassen und die Tour resümieren, eventuell sogar mit einem Kohlekumpel am Nachbartisch.

Tipp: Manche Touren starten recht früh. Wer eine längere Anfahrt hat, kann auf dem historischen Hof der Familie Welz in Neupetershain unterkommen (www.ferienhof-welz.de).

FAZIT: TROTZ RAUBBAU AN DER NATUR: SEHENSWERT UND LEHRREICH!

OCHSEN-
TOUR

 … zur Spreeaue in Dissen ≶

Unweit des Dorfes Dissen, das vor wenigen Jahren zum schönsten Dorf des Spreewalds gekürt wurde, wurde ein Teil der Spree renaturiert und ist nun Auengebiet, in dem sich Auerochsen, Biber und Karpfen Gute Nacht sagen. Zu Fuß oder per Fahrrad an einem schönen Sonnentag ein herrlicher Ausflug.

Das Freilichtmuseum Stari lud erzählt anschaulich über das Leben im Mittelalter mit mehreren nachgebauten Grubenhäusern.

dass diese Renaturierung eine Ausgleichsmaßnahme für die Lakomaer Teiche waren, die aufgrund des Tagebau Cottbus-Nord verschwanden. Beeindruckend: Über 146 000 Amphibien sowie deren Larven wurden schon hierher umgesiedelt!

Nun immer dem Ochsentour-Symbol folgen. Auf weiteren Schildern wird erklärt, dass die hier gehaltenen Auerochsen, Wasserbüffel und Koniks gut an die Auenlandschaft angepasst sind und sich in der Regel selbst ernähren. Wichtig: auf keinen Fall füttern, es drohen Koliken! Neugierig geht es nun weiter an den Teichen entlang, noch ist kein Ochse zu sehen. An heißen Sommertagen flirrt die Luft, Grillen zirpen, und der herrliche blaue Himmel spiegelt sich in den vielen Wasserflächen und Bächen.

Nach einem Knick geht es nun durch Wiesen und Weiden. Und tatsächlich, auf einmal stehen sie da, die Auerochsen, eine ganze Herde starrt herüber, die Nüstern blasen die warme, dampfende Luft in den Himmel – beeindruckend!

Am besten gleich an die Tour noch die Karpfentour zum nördlichen Teichgebiet dranhängen, die ist ebenfalls schön. Auf dem Rückweg lohnt sich ein Umweg zum hübschen Dorf Dissen (niedersorbisch Dešno). Unbedingt die großartige Ausstellung im Freilichtmuseum »Stari lud – Begegnung mit dem alten Volk« besuchen (www.dissen-striesow.de), eine der besten Ausstellungen im Spreewald. Fünf Grubenhäuser geben Auskunft über das slawische Leben im Mittelalter.

Start der Entdeckerpfade ist der kleine unscheinbare Parkplatz Kreuzung Spreeweg und Schweißgraben 6 bei Dissen-Striesow. Schilder erklären die verschiedenen Wege, es gibt eine Karpfentour und eine Ochsentour – natürlich soll es heute die Ochsentour sein. Wann sieht man schon einmal so majestätische Tiere?

Die Wege sind unbefestigt, und die Tour ist gerade einmal drei Kilometer lang, daher besser das Fahrrad einfach stehen lassen und zu Fuß die Aussichten und den entspannten Spaziergang genießen.

Der Weg ist gut ausgeschildert, daher erübrigt sich hier eine genaue Wegbeschreibung. Am Straßenteich lassen es sich die Vögel gut gehen, Informationen am Wegesrand erklären,

Verschiedene Wasserläufe machen aus dem Gebiet ein Auenland, in dem sich Frosch, Storch und Ochs wohlfühlen. Auf dem Weg nach Dissen gibt es so manch altes Dorf zu bewundern.

Hin & weg: Von Cottbus 10 km über die Dissener Straße bis zum Parkplatz. Mit dem Fahrrad die schöne und 16 km lange Strecke an der Spree entlang nach Norden fahren. Informationen unter www.spreeaue.eu

Beste Zeit: Später Frühling bis Spätsommer, da dann zusätzlich viele schöne Blumen blühen.

Dauer & Strecke: Mit der Anfahrt per Fahrrad über die Spreeaue (16 km) gemütliche 3–4 Std., je nachdem, wie viel Zeit man sich lässt, mit dem Museum entsprechend länger. Die Ochsentour ist etwa 3 km lang.

Ausrüstung: Am besten ein Fernglas oder gutes Teleobjektiv, falls die Ochsen entfernt vom Zaun stehen, gutes Schuhwerk, Proviant und Wasser.

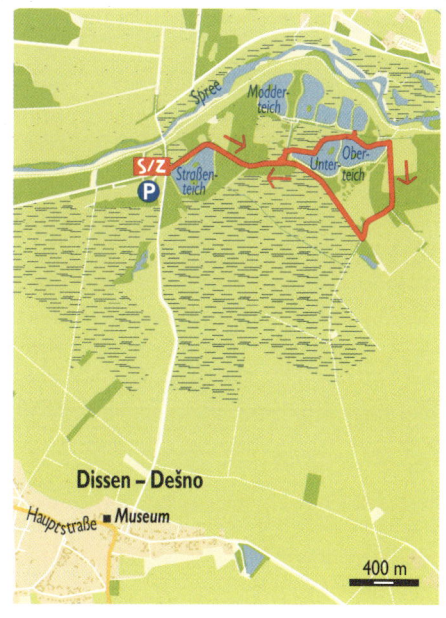

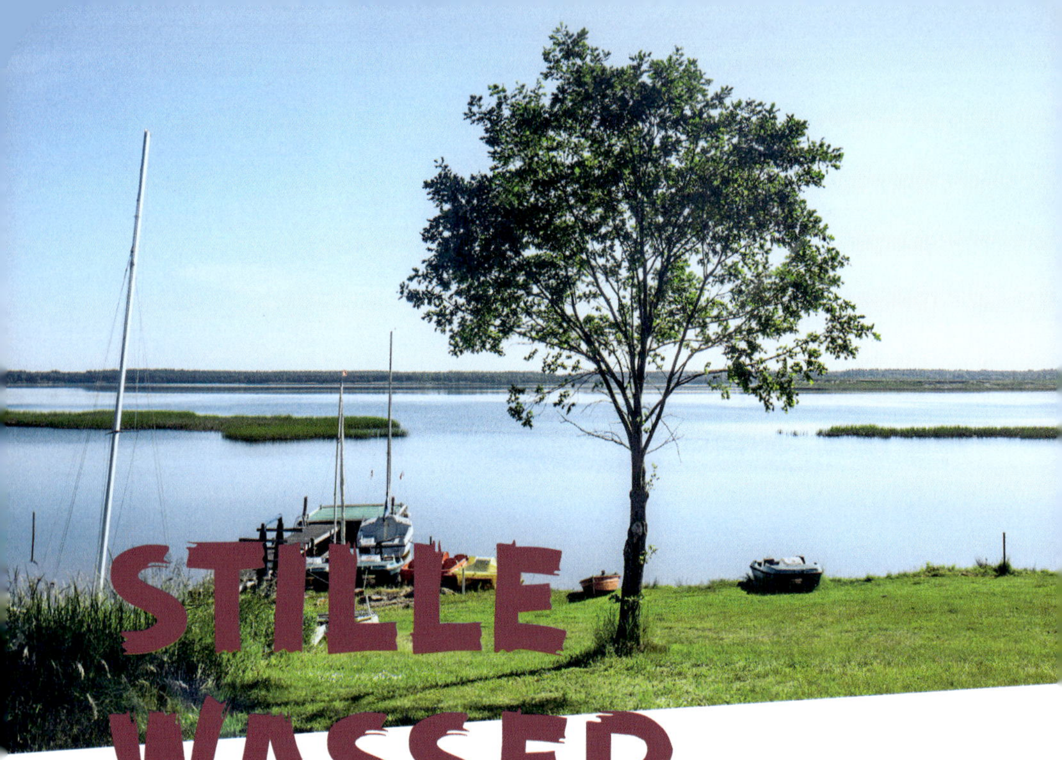

STILLE WASSER

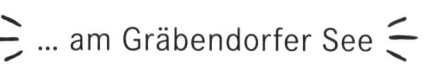

… am Gräbendorfer See

#32

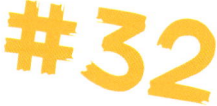

Derzeit gibt es sie noch, die kleinen geheimen Tipps für schöne Badeseen. Einer davon ist der Gräbendorfer See mit seinem glasklaren Wasser und der kleinen Vogelinsel mittendrin, die unter Naturschutz steht.

#Summerfeeling #Niederlausitz #Seeliebe

Liegt meist in kompletter Ruhe da: der Gräbendorfer See, immer noch ein absoluter Geheimtipp in der Lausitz.

Es gibt zwar viele Seen in der Niederlausitz, mehrere sind jedoch immer noch für die Badenutzung gesperrt, denn sie stammen von ehemaligen Tagebaugruben, und die aufgeschütteten Ufer sind teilweise noch nicht befestigt. Bitte daher unbedingt die Schilder »Lebensgefahr« ernst nehmen!

Einer der freigegebenen Seen ist der Gräbendorfer See unweit des Spreewaldes und mit dem Fahrrad gut vom Bahnhof Vetschau zu erreichen. Vom Bahnhof geht es nach Südwesten auf der Bahnhofstraße immer geradeaus. Nach zwei Kilometern links in die Tornower Straße einbiegen, diese bis Tornitz fahren. Der Tornitzer Lindenstraße erst nach links, dann rechts nach Süden folgen bis Wüstenhain. Im Dorfkern nach rechts abbiegen und rechts an der schönen Pension im großen alten Backsteingebäude vorbeiradeln. Wer bleiben möchte, findet hier die sympathische Radpension Wüstenhain (www.ferieninwuestenhain.de).

Auf neuen Fahrradwegen kann der See einmal umrundet werden, inklusive Stopps an einsamen Badebuchten.

Bald ist der See zu erspähen, weiter geht es auf dem Radweg direkt am Ufer gen Westen. Hier finden sich viele wunderbare kleine Badebuchten, in denen man ganz für sich ist. Bei trüberem Wetter ohnehin, doch auch an schönen Sommertagen ist hier wenig los. Das ist erstaunlich, weil der See für seine gute Wasserqualität bekannt ist.

Der neu angelegte Radweg führt auf neun Kilometern einmal um den See herum. Nicht alle Uferteile sind bisher für die Nutzung freigegeben, Sperrschilder beachten.

Zwei Kilometer weiter befindet sich an der offiziellen Badestelle das Café am See, bei dem es Zeit für eine kleine Kaffeepause ist. Unterhalb des Cafés befindet sich der IBA-Steg, eine Maßnahme der Internationalen Bauaus-

stellung Fürst-Pückler-Land zu Anfang dieses Jahrhunderts, die sich mit der Erschließung neuer Projekte und Landschaften in der Lausitz beschäftigte. Hier liegen auch die hübschen Floating Houses, die gemietet werden können (www.floatinghouses.com). Ein Abstecher bietet sich zum nahe gelegenen Apfelhof Laasow in der Laasower Dorfstraße 29 an, wo Marmeladen, Säfte und Honig aus Eigenproduktion verkauft werden.

Wer Lust hat, noch weiterzuradeln, kommt am südlichen Ufer am Campingplatz mit seinem stylischen Surfercafé vorbei (www.camping-graebendorfersee.de), hier können Boards für Stand-up-Paddling und Tretboote gemietet werden. Gegenüber ist die große Vogelschutzinsel gut zu sehen, auf der sich mehrere hundert Silbermöwen angesiedelt haben. Das Schutz-

Die Floating Houses am IBA-Steg bei Laasow versprechen Urlaubsgefühl auf dem Wasser.

gebiet ist durch Bojen begrenzt und darf nicht betreten werden. Vom Ufer aus kann man mit einem Fernglas die Möwen gut beobachten.

Weiter auf dem Rundweg entlang geht es nun zurück nach Wüstenhain.

FAZIT: EIN BISSCHEN RADELN UND EIN BISSCHEN PLANSCHEN.

Hin & weg: Mit dem RE2 nach Vetschau.

Beste Zeit: Sommer, wem kühles Wasser nichts ausmacht, auch in der Nebensaison.

Dauer & Strecke: 20 km, 4–6 Std., je nach Planschdauer.

Ausrüstung: Badesachen, Bargeld, Sonnencreme.

BURGEN–SAMMELN

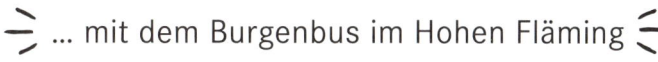

... mit dem Burgenbus im Hohen Fläming

Mit der Burgenlinie gemütlich die ursprüngliche Burg Rabenstein, das prächtige Schloss Wiesenburg und die mächtige Burg Eisenhardt entdecken und nebenbei ein echtes Diplom erwerben? Das ist im Hohen Fläming kein Problem. Wer mag, wandert einzelne Abschnitte der Strecke durch die eiszeitlich geformte Landschaft oder nimmt sein Fahrrad mit auf den Ausflug.

Es lohnt sich, die Tour mit der Burgenlinie aufzuteilen. So bleibt mehr Zeit für die Erkundung der hübschen Dörfer und Wanderwege und für einen ausgedehnten Bummel durch die schmucken Altstadtgassen Bad Belzigs.

Das Kurstädtchen Bad Belzig ist Start- und Endpunkt der Burgenlinie. Mit dem ersten Bus geht es vom Bahnhof durch die abwechslungsreiche Landschaft des Hohen Flämings von Dorf zu Dorf und Burg zu Burg. Wer Lust hat, kann einzelne Abschnitte der Strecke zu Fuß oder mit dem Rad erkunden. Der Burgenwanderweg und der Internationale Kunstwanderweg kreuzen mehrmals die Burgenlinie. Es können bis zu vier Räder transportiert werden. Eine Voranmeldung ist sinnvoll.

Im idyllischen Dorf Raben hält der Bus direkt vor dem Naturparkzentrum Hoher Fläming. Hier kann man sich die Stempelkarte für das Turmdiplom abholen. Über den Naturlehrpfad wandert man anschließend durch den Buchenwald hinauf auf den 153 Meter hohen Steilen Hagen zur Burg Rabenstein. Wer genau hinschaut, entdeckt vielleicht den seltenen Mittelspecht. Das Wappentier des Naturparks brütet in Hohlräumen der abgestorbenen Baumriesen. Die Burg gilt als die ursprünglichste im Fläming. Sie wurde im 12. Jahrhundert erbaut, um die wenigen Verkehrswege zu sichern, die durch den damals unwegsamen Hohen Fläming führten. Oben schnauft man während einer Pause mit einem Stück Kuchen aus dem Holzbackofen durch, bevor man einen Blick in die Folterkammer wirft und schließlich den ersten Turm besteigt. Von dort schaut man weit über den waldreichen Fläming.

Von Raben geht es mit dem Bus nach Wiesenburg zum Barockschloss. Auch dessen Turm kann bestiegen werden, hier gibt es den zweiten Stempel. Dann unbedingt den Park anschauen und durch den historischen Dorfkern bummeln, bevor es zurück nach Bad Belzig geht. Hier wartet die Burg Eisenhardt auf Neu-

gierige. Auf dem Turm den letzten Stempel einsammeln und dann in aller Ruhe die über 1000-jährige Burganlage, die über der Stadt thront, besichtigen und anschließend die historische Altstadt von Bad Belzig erkunden.

Hinweis: Für das wohlverdiente Turmdiplom die ausgefüllte Stempelkarte mit der Post zum Naturparkzentrum Raben schicken oder einfach beim nächsten Besuch dort am Eingang abgeben und das Diplom entgegennehmen.

FAZIT: IM HOHEN FLÄMING GIBT ES ALLES, NUR KEIN WASSER.

Hin und weg: Von Berlin-Hauptbahnhof mit dem RE7 zum Bahnhof Bad Belzig, von hier verkehrt der Burgenbus 572 fünfmal täglich (www.burgenlinie.de).

Beste Zeit: Die Burgenlinie fährt von Mitte April bis Anfang Dezember.

Dauer: 8–10 Std.

Ausrüstung: Proviant, unterwegs kann man in verschiedenen Landgasthöfen einkehren; Wanderschuhe.

WAS AM ENDE ÜBRIG BLEIBT

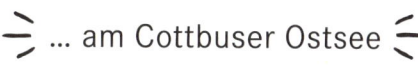

⋛ ... am Cottbuser Ostsee ⋚

#34

Cottbuser Ostsee, das klingt zunächst irritierend. Stimmt, denn es handelt sich nicht um die Ostsee in Norddeutschland, sondern um eines der größten Tagebaufolgeprojekte in der Lausitz. Im stillgelegten Tagebau soll nämlich der größte künstliche See Deutschlands entstehen.

Links: Holzfigur in Lakoma, die den Protest gegen die Abbaggerung des Ortes symbolisiert. Rechts: Noch lange wird es dauern, bis der Cottbuser Ostsee geflutet sein wird. Bis dahin liegt Boot »Mia« auf dem Trockenen.

Man darf ein wenig gespannt sein, ob das Projekt trotz Klimawandels jemals realisiert wird, denn die extreme Trockenheit der letzten Jahre hat es bereits verzögert. Die große Brachfläche ist vielleicht genau deshalb eine spannende Gelegenheit für eine Tour auf frisch angelegten Fahrradwegen mit teils skurrilen Aussichten sowie Denkmälern für die durch den Tagebau verschwundenen Ortschaften.

Vom Bahnhof Cottbus geht es den Stadtring entlang, bis dieser auf den Nordring trifft. Rechts abbiegen und den schönen Fahrradweg am rechten Ufer der Spree entlang nehmen. Cottbus ist zu Recht stolz auf sein vieles Grün.

An der Lakomaer Chaussee nach rechts abbiegen. Nach etwa eineinhalb Kilometern ist Lakoma (niedersorbisch Łakoma) erreicht, das 2006 dem Tagebau Cottbus-Nord weichen

musste. Direkt hinter den letzten Häusern dehnt sich die riesige, 1900 Hektar große Fläche des ehemaligen Tagebaus und künftigen Cottbuser Ostsees aus (www.cottbuser-ostsee.de). Die Flutung begann an dieser Stelle im Jahr 2019. Wenn die Spree nicht genügend Wasser führt, wird sie entsprechend eingestellt. Das Einlaufbauwerk bei Lakoma sieht angesichts des riesigen Lochs erstaunlich klein aus.

Ab jetzt geht es weiter nach Süden auf den neu gebauten Radwegen. Mit Sperrungen muss hier allerdings gerechnet werden, wenn Erdrutsche die neuen Wege gefährden. Eventuell müssen kurze Umwege in Kauf genommen werden.

Der Anblick ist jedenfalls faszinierend und das Projekt schon ordentlich durchgeplant, inklusive Jachthäfen, Badestränden und Fährverbindungen. Sogar die Randgestaltung ist bereits vorhanden, wie ein paar Kilometer weiter das Boot »Mia« beweist. Wo einst das Spielboot im Wasser liegen soll, liegt es derzeit auf Grund.

Nur 500 Meter weiter steht der 34 Meter hohe Aussichtsturm Merzdorf. Von oben hat man eine beeindruckende Aussicht auf den zukünftigen Traum und kann die weiteren Arbeiten an den Uferbefestigungen beobachten.

Geradeaus geht es nun zur Schlichower Höhe, eventuell muss der Radweg aufgrund von Sperrungen ein Stück über die Dissenchener Schulstraße umfahren werden. Ein steiler Weg führt auf die renaturierte Mülldeponie hinauf, die von Schulkindern zu einem spannenden Naturbiotop und Gedenkort an die vielen verschwundenen Orte durch den Tagebau umgestaltet wurde. Findlinge zeigen ihre ehemalige Lage in der weiten Landschaft an.

Hinter Schlichow trifft der Weg Am Gutspark nun wieder auf den Radweg. An dieser Stelle steht die Gedenkstätte für den Ort Klein Lieskow, der in den 1980er Jahren ein paar hundert Meter weiter komplett abgebaggert wurde. Tipp: Das Archiv verschwundener Orte in Forst erinnert an die devastierten Dörfer (www.archiv-verschwundene-orte.de).

FAZIT: NOCH RECHT TROCKENER AUSBLICK AUF DEN IN DER ZUKUNFT GRÖSSTEN SEE DEUTSCHLANDS.

Zurück geht es nun mit einer Kehrtwende und über die Dissenchener Straße bis zum Stadtring, der links wieder zum Bahnhof führt.

Hin & weg: Direkt vom Bahnhof Cottbus.

Beste Zeit: Ganzjährig möglich, die Hinfahrt über die Spreeaue lohnt sich besonders im Herbst.

Dauer & Strecke: 26 km, mit Pausen und dem Lesen der Informationsschilder ca. 4 Std.

Ausrüstung: Wasser und Proviant. Am Ostsee selbst gibt es (noch) keine Einkehrmöglichkeiten.

VORGARTEN-VERKÄUFE

 ... von Seddin nach Philippstal

#35

Im Naturpark Nuthe-Nieplitz kann man im Herbst den Supermarkt getrost links liegen lassen. Bunt gefüllte Stände laden vielerorts zum Einkaufsbummel im Vorgarten ein. Besonders schön lassen sie sich bei einer Radtour von Seddin nach Philippsthal entdecken.

#amWasser #Kürbisse #Fahrradtour #Wald #Fläming

Die Tour startet am Bahnhof Seddin und führt vorbei an Seen durch urige Dörfer und dichte Wälder nach Philippsthal. Unterwegs wandern frisch gepresster Apfelsaft, Brombeermarmelade und ein duftendes Brot ins Körbchen. So ist die Wegzehrung gesichert.

Vom Bahnhof geht es durch die Unterführung entlang der Kunersdorfer Straße bis zur Bundesstraße 2. Dieser nach rechts auf dem Radweg bis zur Ampel in Seddin folgen, dort weiter nach links durch das schmucke Dorf Seddin. Vor den hübsch sanierten Häusern warten hier bereits die ersten Verkaufsstände. Unter bunten Schirmen finden sich in selbst gebauten Kästen frische, zu hübschen Sträußen gebundene Blumen aus dem Garten, Kürbisse und andere Leckereien.

Hinter Saarmund kreuzt man die Nuthe, die zusammen mit der Nieplitz den Naturpark durchfließt.

Während der Radtour blitzt immer wieder der Seddiner See verheißungsvoll hinter den Häusern hervor. Wer Lust hat, nimmt sich Zeit und borgt sich bei der Bootsvermietung Seddiner See ein Ruderboot aus, um über den See zu paddeln, oder kehrt beim Fischerhof für ein Fischbrötchen ein.

In Kähnsdorf tauscht man Münzen gegen Saft und Marmelade – oder auch Scheine, denn die Verlockung, mehr zu kaufen, ist groß. Dann folgt man der Dorfstraße weiter Richtung Fresdorf. Während rechts ein Segelboot über den Seddiner See gleitet, schnattern links auf dem Kähnsdorfer See die Enten.

Weiter geht es, vorbei an weiten Feldern und dichten Wäldern, über den Triftweg nach Trems-dorf, wo man der Dorfstraße nach links folgt. Mit etwas Glück sieht man auf den gemähten Feldern Kraniche, die sich hier für den Weiterflug nach Süden mit Insekten und Getreidekörnern stärken.

Hin & weg: Mit dem RE7 von Berlin-Hauptbahnhof geht es mit einem C-Bereich-Ticket nach Seddin. Zurück vom Bahnhof Saarmund mit dem RB22 nach Berlin-Schönefeld, weiter mit dem RE7 nach Berlin-Hauptbahnhof.

Beste Zeit: An einem sonnigen Herbsttag.

Dauer & Strecke: Mit Pausen zum Schlemmen und Bootfahren 4–5 Std., ca. 20 km teils über wenig befahrene Landstraßen.

Ausrüstung: Fahrrad und Mückenschutz, Kleingeld für die Vorgartenverkäufe, zur Sicherheit eine Flasche Wasser, Warnweste, um gut sichtbar zu sein.

Bei der großen Auswahl fällt die Entscheidung schwer. Zur Sicherheit lieber einen großen Korb mitbringen.

Über die L771 hinweg schlängelt sich der Weg über Saarmund nach Philippsthal. Meist reiht sich hier ein Stand an den anderen. Neben Obst und Gemüse wie knackigen Äpfeln und reifen Tomaten, findet man auch köstliche Aufstriche, etwa selbst gekochte Marmeladen und Honig. Zum Einkehren empfiehlt sich eine Stärkung im Restaurant Philippsthal.

Wer sich lieber durch die gesammelten Köstlichkeiten schlemmen möchte, fährt noch weiter zu den Nudower Teichen. Dazu Philippsthal über die L77 Richtung Norden verlassen. Der Straße dann bis zum Wald folgen und nach 200 Metern auf den Waldweg nach rechts zu den Teichen abbiegen.

FAZIT: FAHRRADVERGNÜGEN MIT SEEBLICKEN UND KÖSTLICHER WEGVERPFLEGUNG.

DIE WÜSTE LEBT

⟩ ... in der Lieberoser Heide ⟨

#36

Sie ist die größte Wüste Deutschlands und entwickelt sich derzeit zu einem neuen Wildnisgebiet: die Lieberoser Heide im Südosten Brandenburgs. Das ehemalige Militärgelände erwacht zu neuem Leben.

Alte Betontreppen führen noch heute auf den Generalshügel mit Aussichtsplattform, die einen weiten Blick über das Gelände ermöglicht.

lungsphasen. Inzwischen ist er kaum noch zu erkennen, die Natur holt sich das Areal zurück. Wie der Sandboden wieder in Landschaft verwandelt wird, kann man in der Lieberoser Heide live beobachten: Die sogenannten Erstbesiedler kommen mit dem Samenflug durch Wind und Vogelhinterlassenschaften. Trockenrasen entsteht und lockert den Sandboden. Durch absterbende Pflanzenteile wird der Boden – sehr langsam – mit wertvollem Humus angereichert, und weitere Pionierpflanzen siedeln sich an.

Heide und Nadelbäume kommen besonders gut mit den sauren, nährstoffarmen Böden zurecht, es ist der gleiche Mechanismus wie auf ehemaligen Tagebauflächen. Nach den Kiefern und Birken kommt der Mischwald und mit ihm auch vermehrt Insekten, die die Waldwerdung beschleunigen, ein paar von ihnen haben sich bereits eingefunden. Bienen und Hummeln umschwirren Disteln und Nachtkerzen, die Raupe eines Wolfsmilchschwärmers streckt ihren rot-schwarzen Kopfstachel in die Luft.

Vom Parkplatz aus geht es auf einem mit Baumstämmen eingefassten Weg bis zum Sukzessionskreis, einem ehemaligen Hubschrauberlandeplatz. Nebenan bietet die Aussichtsplattform auf dem sieben Meter hohen »Generalshügel« eine tolle Aussicht.

Hier klären viele Schilder über das neue Wildnisgebiet Deutschlands auf: Bis zum Jahr 1992 stark militärisch genutzt und von Panzern platt gewalzt, hatte der karge Sandboden inzwischen Zeit, sich etwas zu erholen. Die Stiftung Naturlandschaften Brandenburg kümmert sich um das 31 Quadratkilometer große Gebiet, das sich nun möglichst ohne menschliches Zutun in eine Wildnis verwandeln soll.

Wie lange so etwas dauert und wie das vonstattengeht, zeigte ursprünglich der Sukzessionskreis mit den verschiedenen Entwick-

Hin & weg: Mit öffentlichen Verkehrsmitteln leider recht umständlich, besser mit dem Auto zum Parkplatz 6 km südlich von Lieberose an der B168.

Beste Zeit: Wenn die Heide blüht, ca. Ende August/ Anfang September.

Dauer & Strecke: Sukzessionspark und Wüste ca. 4 km Fußmarsch, oder auch weiter die Wildnispfade entlang; je nach Route 2–5 Std.

Ausrüstung: Unbedingt Navi/Kompass, das Gebiet ist groß. Proviant und Wasser, es gibt keine Einkehrmöglichkeiten.

Wo das Land sich neu erschafft: Heide und Nadelbäume sind die Erstbesiedler auf dem kargen Sandboden, wo einst die Panzer fuhren.

Aber auch größere Tiere fühlen sich hier wohl: Seit einigen Jahren gibt es Wölfe in der Gegend, selbst ein Elch wurde schon gesichtet.

Die befestigten Wege sollten nicht verlassen werden, aus Naturschutzgründen, aber auch zur eigenen Sicherheit: Es könnte immer noch Munition herumliegen oder der Boden durch unterirdische Nutzungen einsacken.

Nach dem Rundgang die B168 überqueren und in das östlich gelegene Gebiet gehen, hier erinnert das Gelände immer noch sehr an Wüste, auch bedingt durch die starke Trockenheit der letzten Jahre.

Bitte aufmerksam sein, in der Lieberoser Heide gab es in den letzten Jahren mehrere Brände. Bei Rauchentwicklung das Gebiet sofort verlassen und die Feuerwehr alarmieren.

FAZIT: WÜSTENFEELING IN BRANDENBURG MIT SPANNENDEM SPAZIERGANG AUF VERWILDERTEM LOST PLACE.

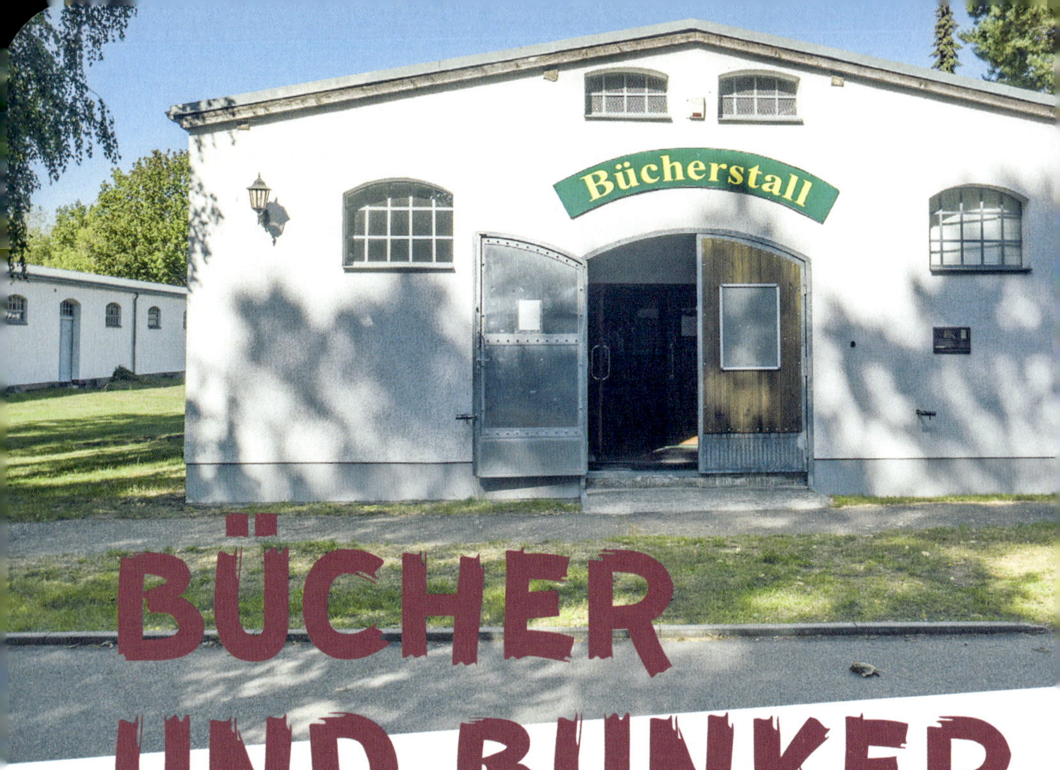

BÜCHER UND BUNKER

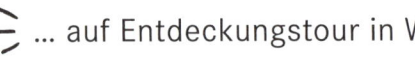

... auf Entdeckungstour in Wünsdorf

#37

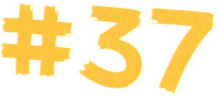

Lost-Place-Fans kommen in der Bücher- und Bunkerstadt Wünsdorf genauso auf ihre Kosten wie Leseratten. Unbedingt viel Zeit mitbringen und ausgiebig durch die Antiquariate stöbern, bevor man bei einer Bunkerführung in die über 100-jährige Militärgeschichte des Ortes eintaucht.

#schmökern #verboteneZone #LostPlace #Fläming

→ AUSFLUG

Auf halbem Weg zwischen Zossen und Wünsdorf versteckt sich im lichten Kiefernwald der kleine Ortsteil Wünsdorf-Waldstadt. Kinder spielen zwischen den Mehrfamilienhäusern. Es riecht nach Wald und Moos. Ein typischer Ort am Rande von Berlin, wären da nicht die großen, spitzen Röhren aus Beton, die wie Fremdkörper im Wohngebiet stehen.

Was aussieht wie Raketen, entpuppt sich bei genauerem Hinsehen als Luftschutztürme, die im Volksmund »Spitzbunker« oder »Betonzigarren« genannt werden. Sie zeugen von der über 100-jährigen Militärgeschichte, die den Ort prägte. Durch die spitze Form boten die Luftschutztürme nur wenig Aufprallfläche für Bomben. Einst pendelte täglich ein Zug

Viele der alten Baracken wurden in Antiquariate und Museen umgewandelt.

von hier nach Moskau und zurück. Dort, wo DDR-Bürgern der Zutritt streng verboten war und die Sowjetarmee patrouillierte, führen heute Bücher das Regiment.

Vom Bahnhof Wünsdorf-Waldstadt fahren unter der Woche die Busse 220 und 618 direkt zur Bücher- und Bunkerstadt. Wer lieber wandern mag, passiert den Bahnübergang und läuft über die Bahnhofsstraße zur Berliner Straße, der man nach links folgt. Hinter der Wünsdorfer Grundschule kann man die Spitzbunker bereits in nördlicher Richtung sehen.

In Wünsdorf wurde 1998, inspiriert von der Stadt Hay-on-Wye in Wales, die erste Bücherstadt Deutschlands gegründet. Es entstand ein Mekka für Büchernarren. Rund 350 000 Bücher lassen sich in den zu Antiquariatshäusern und Shops umfunktionierten Baracken finden (www.buecherstadt.com). Wer die Bücherscheune betritt, sollte viel Zeit mitbringen. Hier laden unzählige Bücherschätze, die wie zufällig im Regal verteilt sind, zum Stöbern, Lesen und Entdecken ein. In der warmen Mittagssonne macht das Schmökern gleich doppelt Spaß. Ausgerüstet mit einem oder mehreren neuen Lieblingsstücken, welche in der Bücherscheune nur einen Euro pro Buch kosten, lohnt sich ein Spaziergang durch die Bunkerstadt.

Warm anziehen sollte man sich für die Führungen durch die gewaltigen unterirdischen Bunkeranlagen, die am Haus Oskar starten. Bei ganzjährig kühlen zehn Grad erkundet man bei einer abenteuerlichen Wanderung die Bunker Maybach I und Zeppelin, den ehemaligen Generalstabs- und Nachrichtenbunker des

Stilles Mahnmal: Überall in Wünsdorf erinnern Luftschutztürme an die düstere Vergangenheit des Ortes.

Oberkommandos des Deutschen Heeres. Im Anschluss kann man sich in verschiedenen Museen und Ausstellungen über die bewegte Vergangenheit des ehemaligen Militärstützpunktes informieren.

FAZIT: MIKROABENTEUER NICHT NUR FÜR ECHTE LESERATTEN.

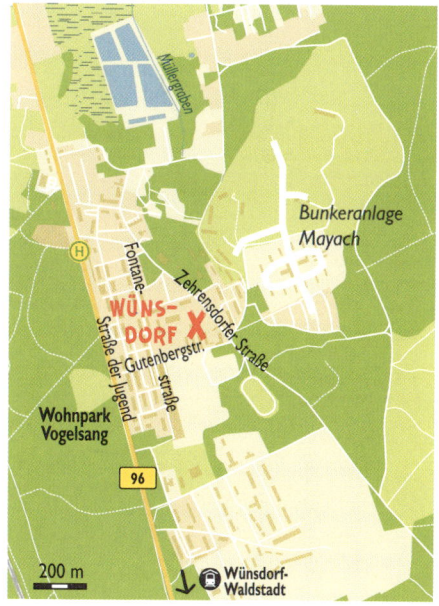

Hin & weg: Mit dem RE7 von Berlin-Hauptbahnhof nach Wünsdorf-Waldstadt, weiter zu Fuß oder mit dem Bus 220 oder 618 zur Bücher- und Bunkerstadt.

Beste Zeit: Ganzjährig schön.

Dauer: 5–6 Std.

Ausrüstung: Proviant für unterwegs, warme Kleidung und eine Taschenlampe für die Bunker.

MIT MACHOS UND LADYS

 ... durch die Zernitzer Wiesenlandschaft

#38

Wie wunderbar, dass man nicht um die halbe Welt fliegen muss, um Alpakas zu streicheln. Es reicht auch ein Ausflug in das Örtchen Zernitz in Sachsen-Anhalt. Auf dem Alpakahof Zwei Eichen kommt man den flauschigen Wandergesellen bei einem Spaziergang ganz nahe.

#Alpaka #Kuschelzeit #wandern #Fläming

Während man dem Brummen der Alpakas lauscht, entschleunigt man automatisch.

Die Leine fest um die Hand wickeln, breit lächeln und beschwingten Schrittes losmarschieren – schon folgt einem erhobenen Hauptes ein aufgewecktes Alpaka durch das große Hoftor des alten Dreiseithofs.

Zusammen mit Besitzerin Heidi und den Alpakas Micha, Marcel und Mew führt die Wanderung nach einer kurzen Einweisung durch das verschlafene Dorf Zernitz hinaus in die Fläminger Natur. Während Mew neugierig an einem Rosenstrauch schnuppert, grüßt eine Rentnerin im Vorbeigehen. »Ordentlich festhalten und nichts fressen lassen«, ruft Heidi Rühlich, »sonst gibt es im Dorf bald keine Blümchen mehr!« Alpakas gehören in Zernitz schon seit über zehn Jahren zum Straßenbild, so wundert sich hier niemand über die flauschigen Wandergesellen.

Über kleine Nebenstraßen führt die Wanderung vorbei an reich tragenden Obstbäumen, an denen man sich mit frisch gepflückten Äpfeln und Pflaumen stärken kann, durch die Zernitzer Wiesenlandschaft. Das Tempo bestimmen die Alpakas, die mal schneller, mal

langsamer neben einem hertraben und hin und wieder stehen bleiben, die Umgebung beobachten und beruhigend schnaufen. Dabei strahlen die stolzen Tiere gleichzeitig eine enorme Ruhe und Präsenz aus und fordern volle Aufmerksamkeit. Das ist wie Yoga für die Seele, absolut entspannend.

Als Familie Rühlich den Hof Zwei Eichen, der nach den großen Eichen im Garten benannt ist, 1993 kaufte, war er komplett heruntergekommen. In liebevoller und langjähriger Kleinarbeit haben sie ihn wieder hergerichtet und eine Alpakazucht aufgebaut. Was als kleines Hobby mit zwei Tieren begann, ist längst Berufung für das Paar geworden. Seit 2005 züchten sie die aus Südamerika stammenden Tiere. Auf den weitläufigen Wiesen hinterm Haus, deren gepflegtes Gras so manch einen Golfplatzbesitzer vor Neid erblassen lassen

würde, weiden nun Micha, Marcel und Mew, die männlichen Alpakas, die als »Machos« bezeichnet werden. Nebenan behalten die Stuten die tobenden Fohlen im Auge. Alpakas

---

Hin & weg: Am einfachsten per Auto. Alternativ von Berlin-Hauptbahnhof mit dem RE7 nach Dessau-Roßlau. Dann mit der RE13 nach Zerbst/Anhalt und dem Bus 450 nach Zernitz, Zerbst/Anhalt. Der Alpakahof Zwei Eichen befindet sich in der Grünen Straße 9.

Beste Zeit: Im Herbst, wenn die Obstbäume Früchte tragen. Wer möchte, kann nach telefonischer Voranmeldung das ganze Jahr über den Hof besuchen.

Dauer: Kann nach Absprache frei gewählt werden, ca. 4–5 Std. inklusive ausgiebiger Kuschelzeit, Anmeldung erforderlich (www.alpacahof-zweieichen.de).

Ausrüstung: Bequeme, lange Hosen, die dreckig werden dürfen, feste Schuhe (Alpakas knabbern gerne an Kleidung), Verpflegung und Picknickdecke (in der Nähe gibt es keine Einkehrmöglichkeiten).

Die putzigen Alpakajungtiere bezeichnet man als »Crias«. Sie leben mit ihren Müttern auf der Stutenwiese und sind besonders neugierig.

sind hervorragende Landschaftspfleger und halten das Gras genauso kurz wie ein perfekt eingestellter Rasenmäher.

Nach oder vor der Wanderung lädt die Stutenweide zum Relaxen und Kuscheln ein. Auf einer Picknickdecke sitzend, kommt man den Alpakafohlen, die einen erst neugierig aus großen Kulleraugen beobachten und dann zaghaft an den Schuhen knabbern, ganz nahe. Hier hat man die Chance, die Tiere, die nicht komplett zahm sind, zu streicheln und ein Gefühl für ihr unglaublich weiches Fell zu bekommen. Schön ist das.

Im Hofladen und in der kleinen Spinnerei kann man anschließend Produkte aus Alpakawolle, die Vlies genannt wird, erwerben und so eine flauschige Erinnerung an die Machos und ihre Ladys mit nach Hause nehmen.

FAZIT: RUNDE KULLERAUGEN UND KUSCHELIG WEICHES FELL SORGEN FÜR TIEFENENTSPANNUNG.

KRANICH-EXPRESS

 ... durch den Naturpark Nuthe-Nieplitz

#39

Es ist ein sonniger Tag Mitte Oktober. Die Wildgänse ziehen schnatternd über den Himmel, während in der Ferne das Trompeten der Kraniche zu hören ist. Mit dem Elektrobus geht es durch den herbstlichen Naturpark Nuthe-Nieplitz von einem neuen Lieblingsplatz zum nächsten.

Bahnhof Trebbin bis zur Löwendorfer Chausseestraße fahren. Folgt man den blauen Wandermarken, erreicht man nach einem kurzen, aber steilen Aufstieg den 21,7 Meter hohen Aussichtsturm auf dem Löwendorfer Berg, der höchsten Erhebung im Naturpark. Nach einer kurzen Verschnaufpause auf dem Rastplatz den Turm erklimmen. Als Belohnung öffnet sich ein Blick über die herrliche Landschaft. Bei klarer Sicht ist es sogar möglich, den Berliner Fernsehturm zu erspähen.

Wer nicht mit dem Bus weiterfahren möchte, wandert von hier aus die fünf Kilometer bis zum Naturparkzentrum Glau. Der ausgeschilderte Weg führt durch das Feuchtbiotop Priedetal und typische märkische Kiefernwälder. Auf dem letzten Stück durchquert man ein Weidenwäldchen, bevor man das Naturparkzentrum erreicht. Hier hat man die Wahl zwischen einem Besuch der Friedensstadt oder einem Abstecher ins große Wildgehege.

Dass Elektromobilität auch auf dem Land sinnvoll eingesetzt werden kann, wird durch den Elektroshuttlebus in Trebbin schnell deutlich. Der Kranich-Express fährt als Rufbus einen Rundkurs im Naturpark Nuthe-Nieplitz und bietet Platz für sechs Fahrgäste. Vom

Weiter geht es in das Dörfchen Blankensee. Der Bus hält in der Nähe des Bauernmuseums. Ein Besuch in dem alten Fachwerkhaus aus dem Jahr 1649 lohnt sich genauso wie ein Bummel durch den Ort und den Schlosspark.

Zugegeben, die Tour ist bei viel Sonnenschein am schönsten. Trotzdem lohnt die Fahrt mit dem Kranich-Express auch an grauen Herbsttagen. Dann wirken Schlosspark und Blankensee besonders mystisch.

Leckere Wegzehrung in Form von Räucherfisch oder Fischbrötchen gibt es beim Fischer Bernd Wildemann, bei dem Fisch aus dem Blankensee erworben werden kann.

Zum Abschluss unbedingt noch weiter zum Bohlensteg wandern. Über den hölzernen Steg spaziert man vorbei am Röhricht ein Stück über den See. Hier laden Bänke zu Pausen ein, in denen man in aller Ruhe die Natur betrachten und seinen Blick schweifen lassen kann. Nicht selten schallen laute Vogelrufe über das Wasser herüber. Der See steht unter Naturschutz und bietet vielen verschiedenen Wasservögeln ein Zuhause. Mit etwas Glück kann man vom Steg aus Kraniche, Kormorane und Seeadler beobachten. Wer Zeit hat, bleibt noch bis zum Abend. Erst nach der letzten Abfahrt des Kranich-Express, wenn die Sonne leuchtend rot hinterm glitzernden See

verschwindet und die Kraniche und Wildgänse über den Himmel fliegen, entfaltet der Blankensee seinen ganzen Zauber.

FAZIT: ABWECHSLUNGSREICHER TAGESAUSFLUG, BEI DEM DIE CHANCEN GUT STEHEN, VIELE NEUE LIEBLINGSPLÄTZE ZU FINDEN.

Hin & weg: Mit dem RE3 von Berlin-Hauptbahnhof in 30 Min. nach Trebbin, weiter mit dem Kranich-Express. Achtung! Der Rufbus muss mindestens 1 Tag vorher reserviert werden. Infos unter www.vtf-online.de/vtf-linien-und-fahrplaene

Beste Zeit: Ganzjährig, am schönsten zur Kranichhochsaison Mitte Oktober.

Dauer: 6–8 Std.

Ausrüstung: Proviant, Wanderschuhe, ein Fernglas zum Beobachten der Vögel, eine Kamera (so viel Schönheit muss festgehalten werden!).

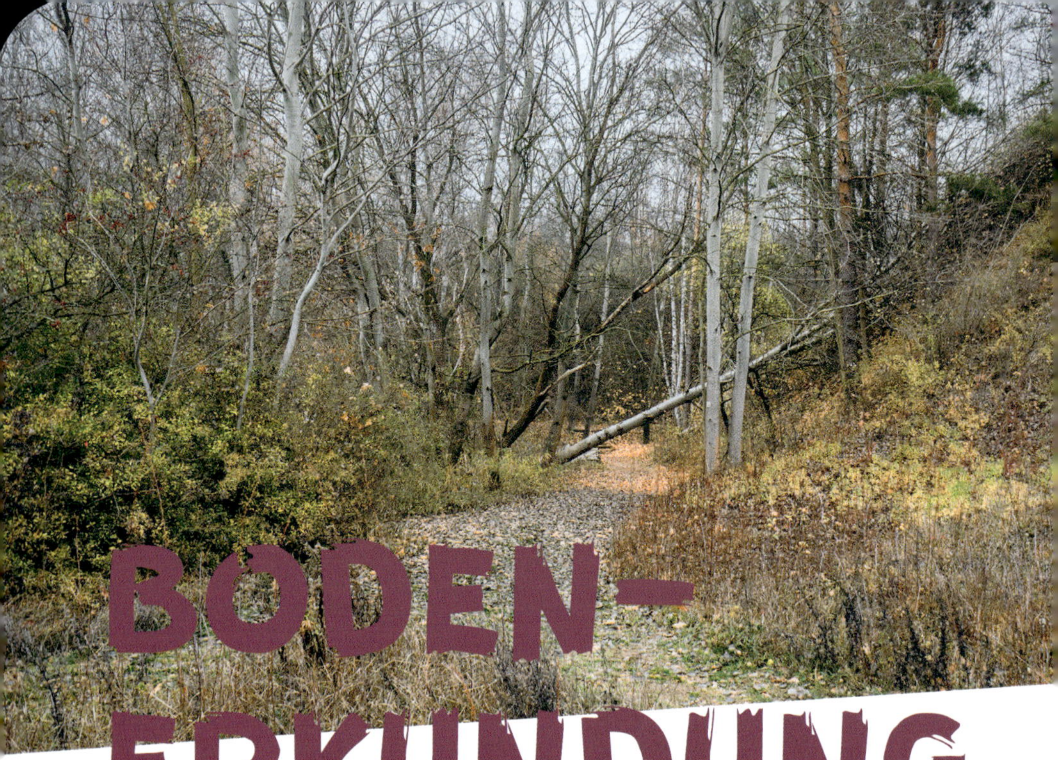

BODEN-ERKUNDUNG

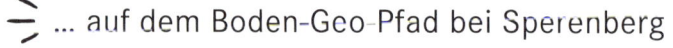

... auf dem Boden-Geo-Pfad bei Sperenberg

#40

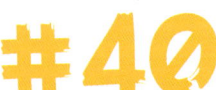

Wer »Boden-Geo-Pfad« hört, mag zunächst an dröge Geografieunterrichtstunden denken, wird aber schnell eines Besseren belehrt. Auf schmalen Pfaden geht es auf und ab durch die abwechslungsreiche Natur, die vom Gips- und Tonabbau geprägt wurde.

#Weltrekord #Aussichtsturm #Tagebau #Fläming

Von der Bushaltestelle Sperenberg, Karl-Fiedler-Straße aus geht es zunächst Richtung Norden. Nach etwa 200 Metern biegt man rechts in den Mühlenweg ab und folgt kurz darauf wieder rechts der Gipsstraße. Nach ungefähr 600 Metern Fußmarsch trifft man auf die erste Schautafel, welche den Beginn des informativen und abwechslungsreichen Boden-Geo-Pfades markiert.

Vorbei am Teich Bruch I geht es dann zum Gipsberg. Oben bietet sich in 79,8 Metern Höhe eine wunderbare Aussicht über Sperenberg bis hin zum Krummen See.

Bei der Wanderung passiert man einen Hoffmannschen Ringofen, bei dem der aus Holzfachwerk gestaltete Aufbau nicht mehr erhalten ist. Eine Schautafel informiert über die Funktionsweise.

Über den Berg und das Gelände der ehemaligen Tagebaue führt der gut ausgeschilderte geowissenschaftliche Lehrpfad. Der komplette Rundweg ist gut zwölf Kilometer lang, kann aber an verschiedenen Stellen abgekürzt werden.

Pausen lohnen sich an den insgesamt zwölf Schautafeln. Hier können Neugierige reichlich Neues über den Abbau von Gips und Ton, die Entstehung der Tagebauseen und die Geologie der Region erfahren.

Dem gelben Punkt auf weißem Grund folgend, erreicht man schließlich die Tongruben. Rund um Klausdorf wurde in geringem Umfang bereits im 13. Jahrhundert Ton abgebaut. Ab 1870 wurde im großen Stil gebrannt. In Hochzeiten verließen jährlich 56 Millionen Ziegel die sechs Ziegeleien, die hauptsächlich im stark wachsenden Berlin verbaut wurden. Davon zeugen unter anderem die hübschen Ziegelhäuser in Klausdorf und der gut erhaltene Hoffmannsche Ringofen am Wanderweg.

Vorbei am Faulen See und dem Faulen Luch führt der Wanderweg durch das Niedermoor zurück zum Ausgangspunkt. Kurz vorher erreicht man das Bohrloch Bruch II. Eine Tafel informiert über die spannende Geschichte des Ortes. Zum Glück, sonst käme wohl niemand auf die Idee, dass es im kleinen Teich 1271 Meter in die Tiefe geht. Dort, wo man heute zwischen Industriedenkmälern, Teichen, Mooren und Wäldern wandert, wurden im 19. Jahrhundert Gips und Ton abgebaut. Bei einer Tiefenbohrung erkundete man hier im Jahr 1871 den Boden und schuf so das erste über 1000 Meter tiefe Bohrloch der Welt.

Wer nicht alleine wandern will, kann ohne Problem die Familie mitnehmen, denn auch für Kinder sind die Informationen über Ton- und Gipsabbau interessant. Für Kinderwagen sind die oft schmalen Wege jedoch ungeeignet.

FAZIT: EINE ABSOLUT LOHNENDE WANDERUNG MIT ÜBERRASCHUNGSPOTENZIAL.

Hin & weg: Ab Berlin-Hauptbahnhof mit dem RE5 bis Wünsdorf-Waldstadt. Ab hier weiter mit dem Bus 770 (Luckenwalde) bis Sperenberg, Karl-Fiedler-Straße.

Beste Zeit: Ganzjährig schön.

Dauer & Strecke: 4–5 Std., 12 km Wanderung.

Ausrüstung: Gute bequeme Schuhe, Proviant, zur Sicherheit ein Handy mit GPS.

3. KAPITEL
MINIURLAUB

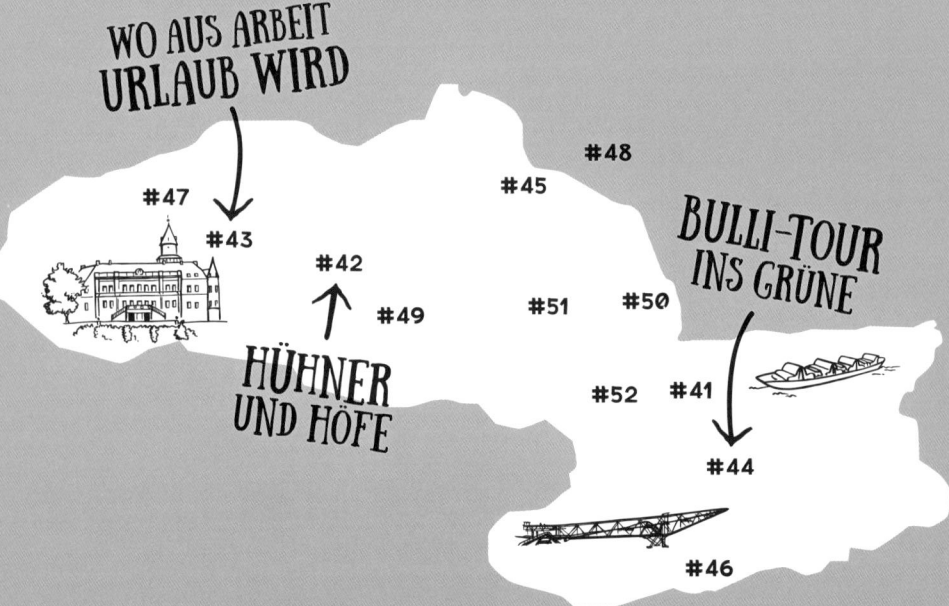

WO AUS ARBEIT
URLAUB WIRD

#47

#48

#45

#43

#42

BULLI-TOUR
INS GRÜNE

#49

#51

#50

HÜHNER
UND HÖFE

#52 #41

#44

#46

Ferien für ein Wochenende

Wilde Landschaften, weite Seen, auf einem Hausboot oder mit fast wilden Tieren übernachten: An nur einem Wochenende kann man viel erleben.

36 H

MAGISCHER WALD

 … Fahrradtour durch den Oberspreewald

#41

Einfach drauflosfahren könnte im Spreewald zu einer Nervenprobe werden, denn einige Ecken sind dort so beliebt, dass es mancherorts zum Besucherstau kommt. Diese Fahrradtour führt zu den schönsten Stellen im Spreewald auch abseits der bekannten Hotspots.

Los geht's am Bahnhof Lübbenau (niedersorbisch Lubnjow), und über die Dammstraße geradeaus in die Innenstadt mit großem Kahnhafen, Schloss und Schlossgarten. Rechts in den Leiper Weg einbiegen und am Neuen Fließ entlangradeln. Fließe ist im Spreewald die Bezeichnung für die zahlreichen Wasserstraßen. Nach einem Kilometer geht es links nach Lehde (Lědy), heute noch traditionellstes Dorf im Oberspreewald.

Links: Ganz besonderes Essen aus Zutaten der Region gibt es im Bio-Hotel Kolonieschänke.
Rechts: Typisch im ursprünglichen Spreewald sind die charmanten Holzhäuser mit Reetdach.

Auf dem Leiper Weg weiter nach Leipe (Lipje) durch herrlichen Wald radeln. Dort lockt der Spreewaldhof Leipe mit dem Fischerstübchen (hier kann man Kähne ausleihen oder günstige Radlerunterkünfte im Bauwagen buchen), im Café zur Spreewälderin (www.cafe-zur-spreewaelderin.de) gibt's die leckersten Plinse, einen spreewaldtypischen Eierkuchen aus Hefeteig. Ein Stück die Leiper Dorfstraße hinunter steht eines der ältesten Hotels im Spreewald: das Spreewaldhotel Leipe mit Gartenrestaurant direkt am Fließ.

Die Leiper Dorfstraße knickt nun nach rechts ab und folgt der Hauptspree. Nach eineinhalb Kilometern links abbiegen, an der Dubkow-Mühle vorbei geradeaus am Dubkow-Weggraben bis zur schönen Radduscher Buschmühle fahren (www.radduscher-buschmuehle.de). Die alte Korn- und Ölmühle wurde aufwendig restauriert, am Wochenende werden im gemütlichen Schankraum oder im Garten Kaffee und Kuchen angeboten. Noch ein Stück geradeaus und nach einer scharfen Linkskurve am Mühlenfließ und am Kossateich entlang radeln. Nun gabelt sich der Weg. Nach Süden geht's durch die schöne Stradower Teichlandschaft. Das Areal hat sich zu einem kleinen Biotop für diverse Vogelarten entwickelt, eventuell erwischt man einen Fischadler beim Jagen. Einmal im Kreis wieder zurück bis zur Weggabelung und auf die Straße Erste Kolonie, dieser folgen, nach dem zweiten Rechtsknick links in den kleinen Weg zur Burger Hofbrennerei (www.sagengeister.de) abbiegen. Auch wer keine Lust auf Hochprozentiges hat, sollte sich diesen Abzweig nicht entgehen lassen, in der Schwarzen Ecke stehen noch viele alte Bauerngehöfte und Blockbohlenhäuser. Die Brennerei wurde vom Besitzer selbst neu aufgebaut und bietet bei Kaffee und Kuchen einen herrlichen Sitzplatz im Garten. Weiter geht's entlang der Schwarzen Ecke auf die Ringchaussee bis zum Bio-Hotel Kolonieschänke. Im Restaurant setzt man auf regionale Bio-Zutaten, das Hotel bietet gemütliche Zimmer und Appartements und einen wunderschönen Innenhof.

Wer am nächsten Tag noch Muße hat, fährt nach Burg hinein und besucht das Töpferstübchen (www.keramik-moebert.de), den Spreewaldbahnhof mit alter Ladenstraße und die Heimatstube am Spreehafen Burg.

FAZIT: SCHÖNSTE ECKE DES SPREEWALDS MIT DEM FAHRRAD ERLEBEN.

Hin & weg: Mit dem RE2 nach Lübbenau, zurück mit dem RE2 ab Vetschau.

Beste Zeit: Frühling (ab Mai), da etwas weniger los ist. Öffnungszeiten beachten! Viele Kleinbetriebe öffnen nur am Wochenende für einige Stunden.

Dauer & Strecke: Eine Nacht, wer alle Stopps ausgiebig erkunden möchte, besser zwei; 23 km.

Ausrüstung: Evtl. Fernglas für Vogelsichtungen, Fahrradpumpe, Bargeld.

Wenn es Nacht wird: Unterkunft in Leipe im Spreewaldhotel Leipe (www.spreewaldhotel-leipe.de) oder in einer günstigen Radlerunterkunft im Spreewaldhof Leipe (www.spreewaldhof-leipe.de); in Burg in der Kolonieschänke (www.kolonieschaenke.de).

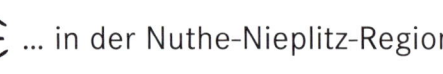

HÖFE-HOPPING

... in der Nuthe-Nieplitz-Region

#42

Um den Charme des Flämings zu erleben,
braucht man vor allem Zeit. Zeit, um
die versteckten Dörfer zu erkunden.
Zeit für ein Stück Kuchen mit Erdbeeren
von einem der Felder und vor allem Zeit,
um die Menschen kennenzulernen.

#offeneHöfe #Landlust #Wochenende #Fläming

Im Naturpark Nuthe-Nieplitz haben sich viele lokale Produzenten, Landwirte, Künstler und Kreative zu den Offenen Höfen in der Nuthe-Nieplitz-Region e. V. zusammengeschlossen. Zum Tag der offenen Höfe öffnen sie immer am ersten Sonntag im Mai und November mit einem bunten Programm die Türen ihrer Höfe, Gutshäuser und Landläden für Neugierige. Doch auch abseits der Aktionstage kann man das ganze Jahr über nach Lust und Laune mit dem Auto oder noch viel besser mit dem Rad die verschiedenen Höfe besuchen und dabei ganz entspannt Land, Leute und Leckeres kennenlernen (www.offenehoefe.de).

Am besten mietet man sich für ein Wochenende im Hühnerhof Treuenbrietzen bei der Künstlerin Stefanie Jeschke ein (www.huehnerhof-treuenbrietzen.de). Hinter der hühnerkacke-grünen Fassade in der Altstadt von Treuen-

Gut, dass Hahn Henry Langschläfer ist. So startet man ausgeruht auf Entdeckungsreise. Bei den offenen Höfen ist der Blick hinter die Kulissen ausdrücklich erlaubt.

brietzen versteckt sich neben gemütlich modernen Ferienwohnungen und schwarzen Hühnern auch das Atelier der Kinderbuchillustratorin, das man so wohl eher in Berlin als in einer brandenburgischen Kleinstadt erwarten würde. Ausgerüstet mit der Karte der offenen Höfe und den Tipps von Stefanie Jeschke, geht es dann ganz nach Lust und Laune zu den verschiedenen Höfen.

In der Nähe kann man im beschaulichen Dorf Bardenitz gleich drei offene Höfe besuchen. In der Blumenwerkstatt Fingerhut werden selbst gezogene Stauden und Kräuter angeboten. Im Fläming Wildhandel gibt es leckere Wildwurst und im Bardenitzer Hofladen regionale Produkte (z. B. die Fläminger Fassbrause). Das Angebot richtet sich nach der Saison und dem, was Garten und Feld aktuell

hergeben. Weiter geht es zum Beispiel nach Altes Lager. Nahe der Bundesstraße weidet eine kleine Rinderherde. Dahinter tollen zwei Esel über die Wiese. Zu Hause sind sie auf dem Gelände des Bauernhofs Sommer rund um den alten Wasserturm, in dem sich der Hofladen mit hofeigenen Produkten und hübschen Geschenkideen befindet.

Nachdem man am nächsten Morgen von Hahn Henrys Schrei geweckt wurde, macht man sich am besten auf den Weg nach Blankensee. Nach einer Pause in der Landbäckerei Röhrig lohnt ein Besuch der Fischerei und der Imkerei Brauße. Weiter geht es rund um den See zum Beispiel zum Biohof Rabe und zum Hofcafé in Stangenhagen, wo man bei einem Stück Torte von einem eigenen Hof im Fläming träumen kann.

Hin & weg: Mit dem RB33 von Berlin-Wannsee nach
Treuenbrietzen. 1 km Fußmarsch vom Bahnhof bis
zum Hühnerhof.

Beste Zeit: Frühling bis Herbst.

Dauer: Ein Wochenende.

Ausrüstung: Auto oder Fahrrad, Räder kann man in
Treuenbrietzen bei SBT14 ausleihen (www.sbt14.de).
Die Karte der offenen Höfe gibt es mit vielen Infos
im Hühnerhof Treuenbrietzen, vor Ort ist für alles
gesorgt. Essengehen ist in Treuenbrietzen möglich,
oder man deckt sich in einem der Hofläden ein und
kocht in der Ferienwohnung.

Wenn es Nacht wird: Der Hühnerhof bietet gemütliche Ferienwohnungen, Hühnergackern inklusive.

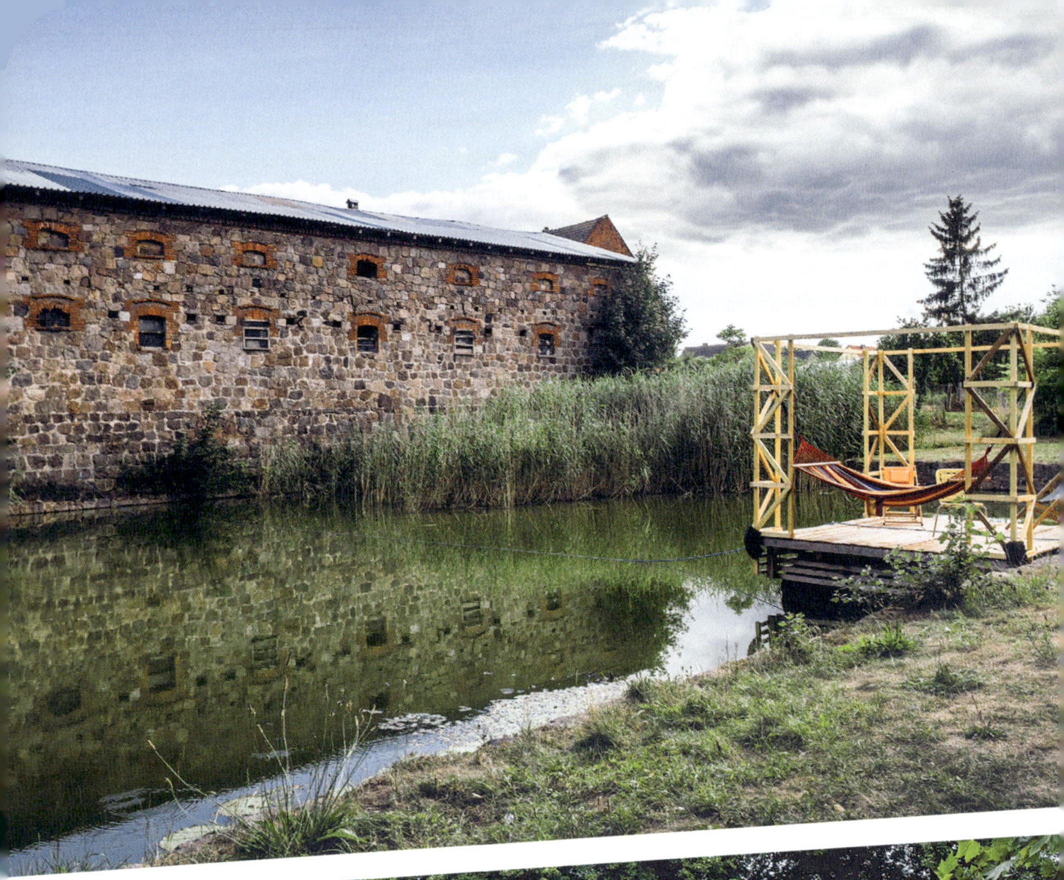

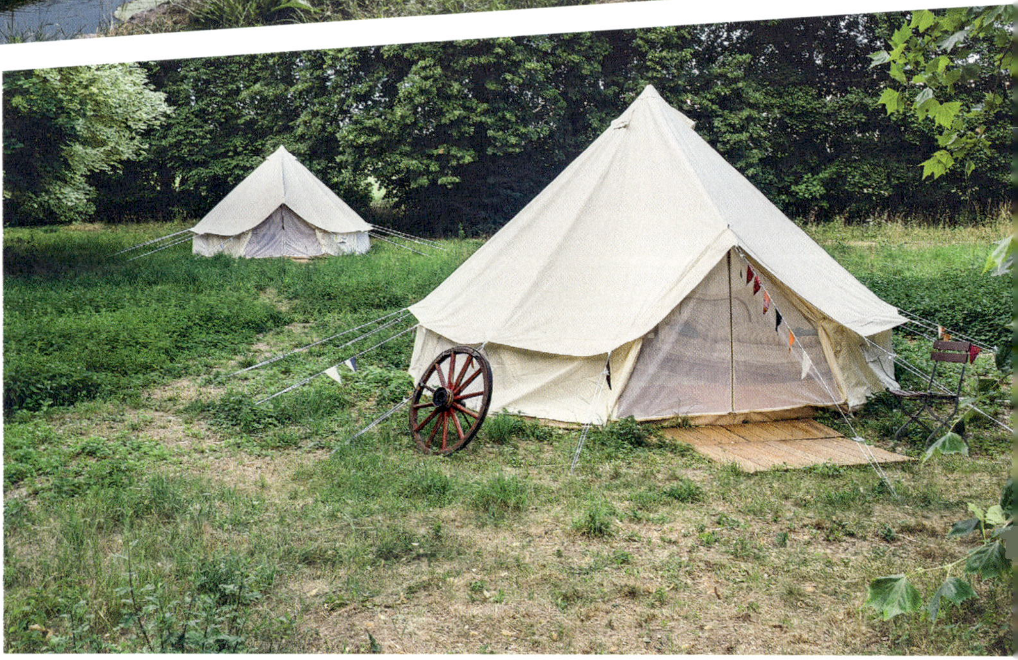

GRÜBELN IM GRÜNEN

⟩ ... im Co-Working-Space in Klein Glien ⟨

Eine Autostunde von Berlin entfernt, versteckt sich »janz weit draußen« im Dorf Klein Glien das Coconat, das man normalerweise eher auf Bali oder in Kreuzberg suchen würde. Coconat steht für »community and concentrated work in nature«, also Gemeinschaft und konzentriertes Arbeiten in der Natur.

Im Garten schläft man im eigenen Zelt oder übernachtet komfortabel im Glamping-Zelt.

Im Coconat treffen sich Menschen aus aller Welt mit Einheimischen. Lehrer, die hier ihre Arbeiten korrigieren, und Dorfbewohner, die auf ein Bierchen vorbeischauen, sitzen zusammen mit Bloggern, digitalen Nomaden, Unternehmern und Autoren an einem Tisch.

Abseits vom Trubel der Großstadt lässt es sich in Klein Glien dank schnellem WLAN konzentriert arbeiten und in schöner Natur herrlich urlauben (www.coconat-space.com).

In den Räumlichkeiten des alten Gutshofes, in dem einst ein Hochzeitshotel untergebracht war, findet man heute gemütliche Arbeitsräume, eine Bibliothek, das Esszimmer, eine urige Bar, den Yogaraum und die Gästezimmer. Wem der Blick ins Grüne nicht genug ist, kann sich auf das weitläufige Gelände mit Badeteich, Sauna, Floß und Permakulturgarten zurückzie-

hen. Überall verstecken sich kleine Rückzugsorte. Alles kann, nichts muss, und so schaltet man fast zwangsläufig ab, während man in der Hängematte in das dichte Blätterdach schaut und nichts als das Zwitschern der Vögel hört.

Hin & weg: Am einfachsten mit dem Auto. Alternativ mit dem RE7 von Berlin nach Bad Belzig. Weiter mit dem vorbestellten Rufbus. Wer mag, kann die 6 km nach Klein Glien auch in ca. 90 Min. wandern.

Beste Zeit: Ganzjährig im Gutshaus, fürs Zelten Frühling bis Herbst.

Dauer: Für die einsetzende Tiefenentspannung 2 Tage, manche bleiben aber auch einen ganzen Monat.

Ausrüstung: Abhängig von der Übernachtungsart. In den Gästezimmern ist für alles gesorgt, warme Kleidung für das Glamping-Zelt. Wer im eigenen Zelt schlafen möchte, bringt die eigene Campingausrüstung mit. Zusätzlich Mückenspray und Badesachen.

Wenn es Nacht wird: Gästezimmer im Gutshaus vom Coconat, Glamping-Zelt oder eigenes Zelt.

Zu den Mahlzeiten kommen alle zusammen. So lernt man sich schnell kennen.

Das vegetarische Mittag- und Abendessen ist bereits im Übernachtungspreis inbegriffen. Wer Lust auf Fleisch hat, zahlt einfach etwas mehr. Übernachten kann man auf gemütlichen Matratzen im Glamping-Zelt und in zweckmäßigen Gästezimmern im Gutshaus. Am günstigsten ist die Nacht im eigenen Zelt. Inklusive drei Mahlzeiten und der Nutzung aller Einrichtungen kostet das gerade einmal 25 Euro pro Tag.

Auch wenn es scheint, als wäre man im Coconat am schönsten Ende der Welt gelandet, gibt es drum herum viel zu entdecken. In der nahen Stadt Bad Belzig lässt es sich hervorragend durch die historische Altstadt bummeln und in der Steintherme entspannen. Bei einer abwechslungsreichen Wanderung auf dem Kunstwanderweg kann man kuriose Skulpturen entdecken und anschließend ins Töpfercafé in Schmerwitz einkehren.

FAZIT: ARBEITEN, WO ANDERE URLAUB MACHEN – UND URLAUB MACHEN NEBEN UND BEI DER ARBEIT.

AUF TOUREN

 ... mit dem Bulli durch die Niederlausitz

#44

Die Unterkunft mitnehmen, losdüsen und bleiben, wo man möchte – das geht mit einem Wohnmobil und ganz stilecht mit einem alten VW-Bulli. Einfach mal losfahren und mit dem Bulli das Lausitzer Seenland entdecken.

#Niederlausitz #Vanlife #minimalistisch #Glücksgefühl

Bullitour mit Stil: Der
T3-Bulli versprüht originalen
80er-Jahre-Charme.

→ MINIURLAUB ...

Ein bisschen romantisch darf es sein: Kerzen und Lichterkette, ein leckerer Wein und Kuscheldecke sollten auf dieser Tour nicht fehlen, denn in der Niederlausitz gibt es die schönsten Stell- und Campingplätze, genauso neu wie die Seen, an denen sie liegen, allesamt ehemalige Tagebaue.

Mit einem Schlenker durch den Spreewald geht es am Hofladen vom Gut Ogrosen vorbei, wo man sich für die Tour mit regionalen Speisen eindecken kann (www.gut-ogrosen.de). Halt für die Nacht ist der Campingplatz am südlichen Ufer des Gräbendorfer Sees, heimlicher Star der neuen Seen mit seiner extrem guten Wasserqualität. Hier ist zwar kein Sandstrand, dafür gibt es wenige Stellplätze und eine himmlische Ruhe, die nur durch die im Schutzgebiet ansässigen Großmöwen durchbrochen wird. Wer Lust hat, kann baden gehen, sich ein Boot mieten, um den See spazieren oder sich einfach vor dem Bulli in den Campingstühlen ausbreiten und bei einem Gläschen Wein den Tag ausklingen lassen. Das hübsche selbst gezimmerte Café bietet kleine Speisen und Getränke an.

Die Abendsonne auf einem Ziegenhof genießen: Beim Konzept »Landvergnügen« bietet der Bauer einen Stellplatz gegen Einkauf im Hofladen.

Weiter geht's zum Örtchen Pritzen am nahen Altdöberner See, wo einst die Welt zu Ende war, denn der Ort wurde für den Tagebau Greifenhain abgebaggert. Die letzten Häuser wurden jedoch verschont und der Tagebau 1992 eingestellt. Heute ist der Ort wieder belebt, und ein Spaziergang lohnt wegen der spannenden Aussichten und einiger Kunstwerke, die im hohen Gras zu entdecken sind, Überbleibsel zweier Europabiennalen. Der See selbst ist allerdings noch für die nächsten Jahre gesperrt, da der Boden nicht ausreichend verdichtet ist.

Gen Süden liegen nun die IBA-Terrassen bei Großräschen, ein wichtiger Meilenstein der Internationalen Bauausstellung Fürst-Pückler-Land. Die IBA fasste von 2000 bis 2010 verschiedene Projekte für den Strukturwandel der Bergbauregion der Lausitz zusammen.

Derzeit befindet sich dieses Großprojekt an der Schwelle zur Öffnung für Gäste, das erste Boot sticht bereits in See, Fahrradwege sind hervorragend ausgebaut, und der Wein, der an den IBA-Terrassen angebaut wird, lässt sich gut trinken, zum Beispiel gegenüber im gelobten Restaurant Haus Vier (www.haus-vier.com, Reservierung erforderlich!).

Nach einem Abstecher an den Badestrand des Senftenberger Sees geht's weiter zum Geierswalder und Partwitzer See. Hier gibt es viele Stellplätze mit herrlichem Seeblick, am Morgen lockt eine Schwimmrunde im stillen See.

Wer keine Lust auf andere Wohnmobilisten hat, kann über das »Landvergnügen« einen Stellplatz auf dem Bauernhof gegen Hofladeneinkauf ergattern.

Am nächsten Tag geht es wieder zurück. Wer noch Zeit und Muße hat, dem seien ein Spaziergang an der Talsperre Spremberg und ein Besuch in Cottbus empfohlen.

Hin & weg: Bullivermietungen gibt es in Berlin, zum Beispiel die besonders gut gepflegten VW T3s von www.rent-a-bulli.de. Dort bekommt man auch eine gute und ausführliche Einweisung.

Beste Zeit: Ohne Standheizung besser im Sommer, sonst ist es auch in der Nebensaison schön.

Dauer & Strecke: 2–3 Tage. Wer mit kleinstem Raum gut auskommt, gerne länger; ca. 100 km.

Ausrüstung: Ausstattung des Bullis beim Verleih checken, außerdem ökologische Seife, gutes Taschenmesser, Nachtlampe, Pyjama (falls es doch mal kalt wird), unbedingt Badesachen.

Wenn es Nacht wird: Wer nicht auf den Campingplatz möchte, kann den Bulli auf einem Bauernhof abstellen (buchbar über www.landvergnuegen.com).

WO DIE PHYSALIS WACHSEN

 ... Gärtnerglück und Seenliebe in Zossen

#45

Wenn die Stadt vor Hitze glüht, ist die perfekte Zeit für eine Sommerfrische auf dem Land. Zwischen Gemüsefeldern und Schafweiden findet man in Zossen schnell Erholung. Wer mag, bleibt etwas länger, packt die Badesachen ein und sucht sich einen neuen Lieblingssee.

#Landlust #Gärtnerei #Schafe #Seenzählen #Fläming

Ein Besuch bei den Zossener Wildschafen ist im Frühling, wenn die Lämmer über die Weide tollen, besonders zauberhaft.

farbenen Kugeln sind zwar deutlich kleiner als die Früchte aus dem Supermarkt, dafür aber viel intensiver im Geschmack.

Inmitten der mannshohen Tomaten steht der über 80-jährige Gärtner Achim und erntet mit geübten Griffen die Zutaten, die heute in der Küche benötigt werden. Sein Vater gründete 1927 die Gärtnerei. Zu DDR-Zeiten wurde auf den Feldern und in den Gewächshäusern streng nach Plan für Berlin produziert. Heute werden das Obst und Gemüse direkt vor Ort in der Küche des hoteleigenen Restaurants 1a verarbeitet. Serviert wird nur, was Saison hat und aktuell wächst. In den Sommermonaten kommen bereits gut 80 Prozent aller Lebensmittel vom eigenen Feld, der Rest stammt von Bauern aus der Region.

Während man durch die Felder spaziert, kann man dem Konzert der Natur lauschen. In der Ferne klappert ein Storchenpaar, Hühner gackern, Vögel zwitschern, dazwischen hört man das Blöken der Zossener Wildschafe. Auf einer riesigen Weide hinter der Gärtnerei leben 60 kastanienbraune Landschafe, an die die Grünabfälle verfüttert werden.

Zossen befindet sich gut 50 Kilometer von Berlin entfernt. Wer nicht mit dem Zug anreisen möchte, radelt die Strecke einfach auf dem schönen Berlin-Leipzig-Radweg vom Brandenburger Tor, vorbei an idyllischen Seen hinaus in die kleine Flämingstadt.

Das Flair Hotel Reuner mag auf den ersten Blick wie ein klassisches Hotel anmuten. Bei genauerer Betrachtung entdeckt man jedoch schnell den Schatz, der sich hinterm Haus versteckt. Pralle, grüne Zucchini liegen in der Sonne auf dem Feld, daneben wachsen riesige Kohlrabi, Paprika und frischer Salat. Es duftet nach Kräutern und warmer Erde. Überall auf dem Gelände findet man Physalis, die ursprünglich aus Südamerika stammt, aber auch in unseren Breiten sehr beliebt ist. Ruck, zuck ist eine Handvoll davon gepflückt. Die orange-

Wer mag, kann sich im Hotel eines der Offroad-Segways ausleihen. Nach einer kurzen Einweisung fährt man ganz alleine über einen der zahlreichen angrenzenden Rad- und Feldwege durch die Region. Besonders lohnenswert ist ein Ausflug zu einem der vielen Badeseen, wie dem hübschen Wünsdorfer See mit seinen schönen Naturbadestellen, dem Mellensee oder dem Motzener See.

Am Wünsdorfer See gibt es viele kleine Badestellen. Nach dem Sprung ins kühle Nass kann man sich im nahen Café Im Walde stärken.

Übrigens: Wer mit Wohnmobil oder -wagen anreist und im Hotelrestaurant einkehrt, kann einen der Stellplätze auf dem Hotelgelände kostenfrei nutzen.

FAZIT: LANDWOCHENENDE MIT 1000 MÖGLICHKEITEN ZUM BADEN UND ENTDECKEN.

Hin & weg: Von Berlin-Hauptbahnhof mit dem RE5 nach Zossen, knapp 2 km Fußmarsch entlang der Stubenrauchstraße zum Hotel. Alternativ mit dem Fahrrad 50 km über den Berlin-Leipzig-Radweg nach Zossen.

Beste Zeit: Im Sommer, wenn sich auf den Feldern das Gemüse stapelt und das Wasser in den Seen warm genug zum Baden ist.

Dauer: Ein Wochenende.

Ausrüstung: Badesachen, Fahrrad oder Segway (kann im Hotel ausgeliehen werden).

Wenn es Nacht wird: Eines der Zimmer im Flair Hotel Reuner buchen (www.hotel-reuner.de) oder mit dem eigenen Wohnwagen anreisen.

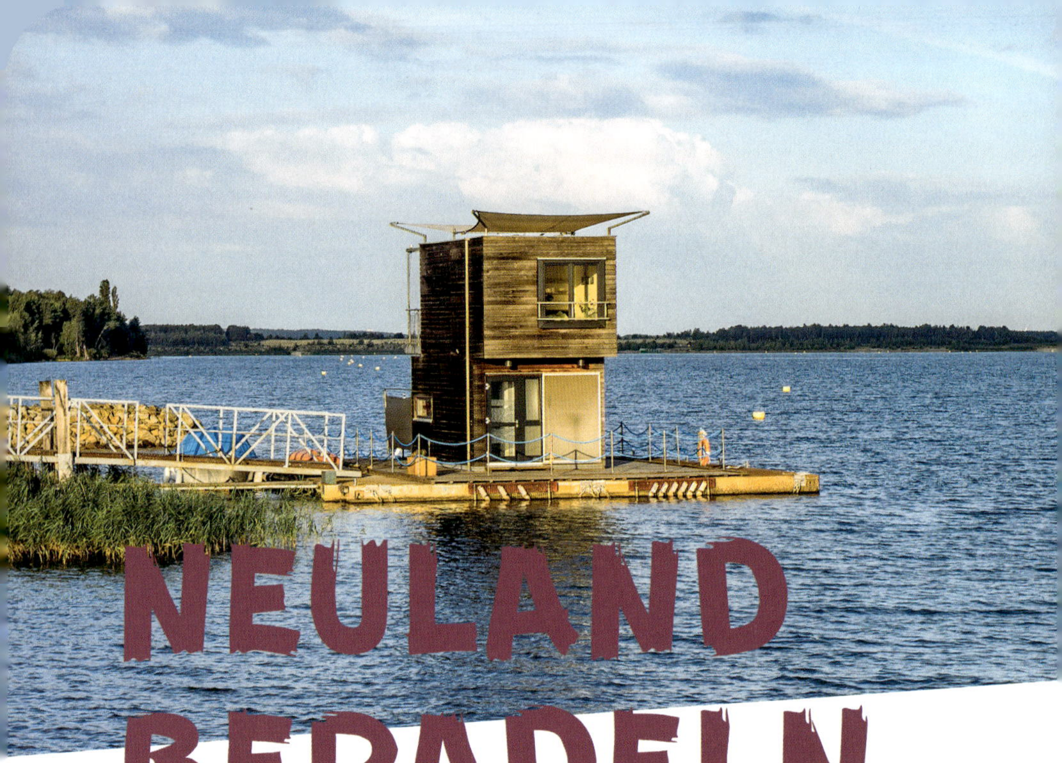

NEULAND BERADELN

⊰ ... Fünf-Seen-Radtour im Lausitzer Seenland ⊱

#46

Noch sind nicht alle Seen der ehemaligen Tagebauregion verbunden, manche Kanäle noch gesperrt. Dennoch kann man hier bereits idyllische Radtouren unternehmen. Höhepunkt ist die Übernachtung im schwimmenden Haus auf dem Wasser mit Blick auf den Sonnenuntergang.

#Niederlausitz #Kapitänfeeling #Seenliebe

Bei der Renaturierung nach dem Tagebau wurde im Lausitzer Seenland sehr auf Barrierefreiheit geachtet, weshalb sich eine Fahrradtour durch das Gebiet anbietet. Die 40 Kilometer lange Tour führt an fünf großen Seen der Niederlausitz vorbei. Wer möchte, erweitert sie bis in die Oberlausitz.

Startpunkt ist das Touristenbüro in Senftenberg am Markt (www.senftenberg.de), um sich nach den örtlichen Gegebenheiten zu erkundigen. Manchmal müssen Abschnitte des

Gebietes aus Sicherheitsgründen gesperrt werden, da das Abrutschen losen Untergrundes droht. Warnungen bitte ernst nehmen! Für Infos empfehlenswert ist die Website www.lausitzerseenland.de

Vom Markt geht es über die Schlossstraße rechts in den Steindamm und am Schlosspark entlang. Am Hafen angekommen, links abbiegen und am Senftenberger See entlang bis Kleinkoschen mit schönen Aussichten auf den See und vielen Chancen auf unendlichen Vor-

195

Im LeuchtTurm Lausitz am Geierswalder See kann man essen gehen, einen Cocktail trinken oder im Turmzimmer übernachten.

tet. Weiter geradeaus liegt links der Sedlitzer See, rechts der Partwitzer See, welcher sich jedoch hinter einem Stück Wald verbirgt. Kurz vor Lieske macht der Weg eine scharfe Rechtskurve (besser nach Navi fahren) und führt zum Strand des Partwitzer Sees, der aufgrund der Kalkung karibisch blaugrün leuchtet. Die Farbe wird allerdings mit den Jahren verblassen. Das Badeparadies ist schon seit einiger Zeit für die Nutzung freigegeben, auf der in den See ragenden Halbinsel laden viele kleine Buchten zum Planschen ein.

Stilecht ist eine Übernachtung im schwimmenden Haus, das an einem kleineren ruhigen Badestrand mit herrlicher Terrasse und Blick auf die untergehende Sonne liegt. Wer den Wein vergessen hat, bekommt garantiert nebenan im Partwitzer Hof ein Fläschchen (www.partwitzer-hof.de). Zurück geht es über das Südufer des Partwitzer Sees zum Geiers-

rat an Brombeeren (beste Zeit: August). Vor dem kleinen erhöhten Rastplatz links abbiegen, Straße überqueren und die Alte Somoer Straße immer geradeaus bis zum Aussichtspunkt »Rostiger Nagel«, der einen wunderschönen Blick über den Koschener See bie-

Badebuchten am schönen Geierswalder See unweit des Lausitz Resorts. Vom »Rostigen Nagel« am Koschener See aus gibt es gratis einen fantastischen Rundumblick über das Lausitzer Seenland (rechts).

walder See mit weiteren schwimmenden Häusern des Lausitz Resort. Wer sich hier einmietet, ist besonders schön in den Häusern am Uferhang mit grandiosem Seeblick aufgehoben. Nicht erschrecken wegen der rostbraunen Farbe des Wassers: Diese ist dem ausgeschwemmten Eisenoxyd geschuldet und für Menschen ungefährlich. Von der nahe gelegenen Strandbar aus finden regelmäßig Ausflüge mit Solarbooten statt.

Wenige Fahrradminuten weiter steht der LeuchtTurm Lausitz mit Restaurant, Bar und Übernachtungsmöglichkeiten. Am Ufer stehen Kajaks und Kanus zur Ausleihe bereit.

Weiter am Ufer entlang, führt der Weg wieder nach Kleinkoschen, wo es auf gleicher Strecke am Senftenberger See entlang zurück zum Ausgangspunkt geht.

Hin & weg: Mit dem RB24 oder 49 nach Senftenberg. Achtung: Die Fahrstühle sind etwas kurz, lange Fahrräder müssen eventuell die Treppen von und zu den Bahnsteigen getragen werden.

Beste Zeit: Sommer für den Badespaß, die Nebensaison, wenn es etwas ruhiger sein soll. Wirklich voll ist es jedoch hier noch nicht.

Dauer & Strecke: Als Radtour eine Übernachtung, mit Badetag besser zwei. Hin- und Rückfahrt zusammen ca. 37 km.

Ausrüstung: Navi, Bargeld, Luftpumpe, Trinkwasser.

Wenn es Nacht wird: Außergewöhnliche Unterkünfte findet man in einem schwimmenden Haus am Partwitzer See (www.bootshaeuser.de, zeitig buchen!) oder Geierswalder See (www.feriendorf-lausitz-resort.de) oder in einem Leuchtturm (www.leuchtturm-lausitz.de).

IM TURM TRÄUMEN

⋝ ... gemütlich im Hoteltower im Fläming ⋜

#47

Dass man im Fläming in Kanalröhren schlafen kann, ist kein Anglerlatein. Neben der Fischfarm 25 Teiche stößt man auf die außergewöhnlichen Hoteltürme. Was man hier auch findet, sind Ruhe und Erholung mit Seeblick und Angelfreuden.

Nach einer gemütlichen Nacht im Hoteltower muss man nur wenige Meter bis zur Fischfarm laufen. Das leckere Frühstück, natürlich mit frischem Fisch, ist die perfekte Grundlage für einen Angeltag.

Die Tour startet mitten im Nirgendwo zwischen Buckau und Rottstock. Es ist herrlich ruhig. Auf der einen Seite schaut man über weite Felder, auf der anderen in dichten Wald. Ungewöhnlich sind die sechs Hoteltürme. Die hellblauen Röhren erinnern an geschrumpfte Leuchttürme. Statt am Meer stehen sie am Waldrand neben der Fischfarm 25 Teiche.

Die sogenannten Hoteltower bestehen aus umfunktionierten Betonröhren, die eigentlich für den Bau von Klärgruben verwendet werden. Der große Turm ist ein wahres Raumwunder inklusive eigenem Bad und schicker Dachterrasse. Die zwei kleinen Türmchen wirken von außen winzig, bieten aber ein halbrundes Bett, dass von einem Erwachsenen und einem Kind genutzt werden kann, und ein kleines Schränkchen. Zusätzlich gibt es je einen gemeinschaftlichen Dusch-, Toiletten- und Aufenthaltsturm.

Bettzeug und Bettwäsche können selbst mitgebracht werden. So wird der Preis für die Aufbettung gespart. Sicherheitshalber vorher buchen. Der Türcode wird per E-Mail geschickt. Es empfiehlt sich, das sehr leckere Frühstück auf der Fischfarm zu reservieren.

Das Wasser der 25 kleinen Teiche entspringt in der nahen Frischwasserquelle. Die Quelle soll nach einem Gewitter am Pfingstmontag 1669 freigelegt worden sein und wird als heilend verehrt. Die heimische Bevölkerung pilgert seitdem jedes Jahr zu Ostern zur Quelle, um daraus zu trinken. Laut Volksglauben wird man so vor Krankheiten geschützt.

Das Quellgebiet liegt versteckt im nahen Urwald. Über einen Bach fließt das Wasser direkt in die Teiche, in denen Bachforellen, Saiblinge und Störe gezüchtet werden.

Outdoorbegeisterte, die Lust haben, das erste Mal selbst zu angeln, bekommen nach Voranmeldung eine ausgiebige Einweisung – inklusive wertvoller Tipps und Tricks.

Für alle anderen geht es nach der kurzen Anmeldung direkt zu einer der lauschigen Angelstellen. Während leise die Wellen an den Uferrand schwappen, schweift der Blick über das Wasser. Ob die Forellen und Karpfen heute auch wirklich anbeißen, kann einem keiner versprechen. Entspannte Stunden in der Natur sind jedoch garantiert.

Für die Stärkung zwischendurch sorgt man entweder selbst oder stattet dem Bistro einen Besuch ab. Besonders empfehlenswert ist hier der Forellenteller mit hausgemachten Bratkartoffeln. Mit Blick aufs Wasser schmecken die besonders gut.

Wer mag, stattet sich im Hofladen für ein Sonnenuntergangspicknick auf der Dachterrasse aus. Neben fangfrischem Fisch, Räucherfisch und Fischbrötchen kann man auch den hier produzierten Störkaviar oder Wodka aus dem Quellwasser der 25 Teiche erwerben.

FAZIT: IM TURM MUSS NICHT NUR VOM ANGELN GETRÄUMT WERDEN – DEN TRAUM KANN MAN SICH AM TAG ERFÜLLEN.

Hin & weg: Am einfachsten mit dem Auto, alternativ von Berlin-Hauptbahnhof mit dem RE7 nach Bad Belzig, weiter mit dem Bus 593 nach Buckau (PM), Birkenreismühle, die restlichen 700 m zu Fuß.

Beste Zeit: Von April bis Oktober, dann wird es in den Hoteltowern nicht zu kalt, der Forellenhof hat in dieser Zeit von Dienstag bis Sonntag geöffnet.

Dauer: 1–2 Tage.

Ausrüstung: Wenn vorhanden, Angelausrüstung (kann auch ausgeliehen werden), Mückenschutz, einen Campingstuhl, warme Sachen, nachts kann es kalt werden! Bettwäsche, ein paar Flaschen Wasser können nicht schaden.

Wenn es Nacht wird: Ab in den Turm. Infos unter www.25teiche.com/uebernachtung

ZUR ALTEN DAHME

 ... mit dem Hausboot unterwegs

 **#48**

Dieses Wasserrevier gehört zwar nicht mehr ganz zur Lausitz, hängt aber mit der Geschichte des Spreewaldes zusammen: Früher fuhr man aus Berlin am Wochenende über die alte Dahme in das Gebiet der tausend Fließe. Heute kann man das Revier mit dem Hausboot erkunden.

#Huckleberrygefühl #Minimalismus #Entspannungpur

Wie ein kleines Ferienhaus auf dem Wasser: ein Bunbo im Morgennebel auf der Dahme.

So eine Hausboottour hat Tiefenentspannungscharakter. Spätestens nach dem dritten Tag will eigentlich niemand mehr heim, also bloß nicht zu kurz buchen. Ein Bootsführerschein wird in Brandenburg nicht benötigt, wohl aber eine ausführliche Einweisung, schließlich gilt es, das bis zu elf Meter lange Gefährt sicher über die Gewässer zu navigieren. In Zernsdorf südlich von Königs Wusterhausen geht es los gen Osten, wo der längliche Krüpelsee in die Dahme mündet. Gemütlich und sparsam wird mit sechs Stundenkilometern geschippert, wer steuert, hat das Sagen, die Smutjes sind für Kaffee verantwortlich und sollten besser in der Schleuse auf die Anweisungen hören.

In Sommerzeiten sind mancherorts Schleusen mit Personen besetzt, in der Nebensaison reicht meist die Videoüberwachung. Wer unsicher ist, schaut sich vorher noch mal die Filme auf dem bereitgestellten Tablet an, die alles ganz genau erklären.

Am ersten Tag kommt man nicht weit, und schnell wird ein schöner Ankerplatz gesucht. Nicht zu tief und nicht zu flach und irgendwo, wo der Sonnenuntergang genossen werden kann. Schon bald tauchen die ersten Fledermäuse auf und kreisen über den Köpfen, die sich bewundernd dem Sternenhimmel entgegenstrecken. Im Lagerfeuer rösten die Kar-

Es gibt viel zu entdecken in Brandenburgs Wasserlandschaften. Am Abend lockt das Lagerfeuer.

toffeln, und tatsächlich schwimmt doch ganz gemächlich auf dem Rücken ein Biber vorbei.

Am nächsten Morgen sind alle früh wach, der Nebel taucht die Welt in zarte Farben, und mit dem Kaffee in der Hand wird in die Stille gelauscht. Ein paar Wildgänse schnattern sich ihren Weg in den Süden, das Trompeten einiger Kraniche ist von Weitem zu hören.

Der Anker wird gelichtet, weiter geht's zum Dolgensee Richtung Prieros, wo verschiedene Routen möglich sind. Nach einem Tipp des Schleusenwärters geht's auf die alte Dahme, wo einst die Ausflugsschiffe Richtung Spreewald fuhren. Zu schön ist dieser schmale Flusslauf, dort kreuzt kein Mensch den Weg und man wähnt sich fast alleine. Seeadler kreisen am Himmel auf der Suche nach einem Le-

ckerbissen, ein Aal schlängelt sich neben dem Boot entlang. Die Schleuse an der Hermsdorfer Mühle geht schon gut von der Hand.

Die Bücher versauern in den Taschen, denn die Welt rund herum ist viel zu entspannend. Wo kann man sonst schon stundenlang aufs glitzernde Wasser schauen und sich vom leisen Motorengeräusch einlullen lassen?

In Märkisch-Buchholz endet der Wasserweg. Auch die Spreewaldgäste mussten damals an dieser Stelle in die schmaleren Kähne umsteigen, weil der Fluss nicht mehr breit genug war. Zurück geht's auf dem gleichen Weg, die Nacht verbringt man gut auf dem Schmöldesee und entdeckt am nächsten Tag noch den Langen und Wolziger See, bevor es tief seufzend zurück in den Heimathafen geht.

Schönster Anblick: In der Morgensonne leuchten die Nebelschwaden über dem Wasser.

FAZIT: INTO THE WILD MITTEN IM NATUR-NAHEN BRANDENBURG.

Hin & weg: Start und Ziel ist die BunBo-Verleih-station in der Undinestraße 1, 15712 Königs Wuster-hausen, etwa 1 km vom Bahnhof Zernsdorf entfernt. Am Verleihtag für die Einführung früh da sein.

Beste Zeit: Jede Jahreszeit hat ihren Reiz. Wer Kraniche hören und Morgengrauen im Nebel sehen möchte, auf jeden Fall im Herbst.

Dauer & Strecke: Am liebsten eine Woche, mindes-tens 4 Tage, sonst ärgert man sich; ca. 50 km.

Ausrüstung: Lichterkette, Taschenlampe, Taschen-messer, Feuerzeug, Spülmittel und ein Brettspiel.

Wenn es Nacht wird: Am Rande eines Sees oder Wasserlaufes ankern. Zu mieten sind die Hausboote unter www.bunbo.de

AUF ZEITREISE

... zwischen Jüterbog und Kloster Zinna

#49

Die Flaeming-Skate ist mit 230 Kilometern die größte zusammenhängende Wegstrecke für Skates in Europa. Auf dieser gemütlichen Tour wandelt man mit oder ohne Rollen auf den Spuren der Geschichte und der Reformation rund um Jüterbog. Das Highlight? Schlafen wie beim Grafen in Kloster Zinna.

Die Blätter an den Bäumen leuchten in satten Gelbtönen, die Luft riecht nach Wald und Wiese, und aus der Ferne hört man leise Orgelmusik: So schön ist ein Spaziergang in Kloster Zinna.

Der Bahnhof Jüterbog liegt etwas abseits des historischen Stadtkerns. Trotzdem lohnt sich ein Abstecher in das Zentrum. Jüterbog zählt zu den ältesten Siedlungen in Brandenburg. Bis zum Dreißigjährigen Krieg war Jüterbog eine bedeutende Kaufmannsstadt. Davon zeugen die drei Stadttore und das älteste Rathaus in Brandenburg. Der Dominikanermönch Johann Tetzel verkaufte hier einst seine berüchtigten Ablassbriefe, mit denen Gläubige sich von ihren Sünden freikaufen konnten. Damit lieferte er den Anlass für Luthers Reformationsthesen.

Bei einem Spaziergang durch die historische Altstadt mit den zahlreichen Backsteinbauten bummelt man vorbei an mittelalterlichen Gebäuden und beeindruckenden Kirchen. An vielen Orten sind Zeugnisse der Reformationszeit zu finden. In der Nikolaikirche kann der

Tetzelkasten besichtigt werden, und im ehemaligen Franziskanerkloster lässt sich ein originaler Ablassbrief bestaunen.

Danach empfiehlt sich eine Pause im Café Backing Hill. Hier werden die für den Fläming und die Lausitz typischen Klemmkuchen serviert, die man unbedingt probieren sollte.

Über den Rundkurs 3 geht es am Nachmittag vorbei an der Skate-Arena in das fünf Kilometer entfernte, am Reißbrett geplante Kloster Zinna, das auf eine von Friedrich II. gegründete Webersiedlung zurückgeht. Noch heute erinnert in Kloster Zinna vieles an die Mönche, die den Ort in den aufreibenden Reformationsjahren verließen. Es lohnt sich, ganz gemütlich das weitläufige Klostergelände mit dem Konversenhaus, dem Pfarrgebäude, dem

Die alte Grafschaft wurde mit viel Liebe zum Detail restauriert und gehört heute zu den Schmuckstücken im Dorf.

Museum und der Schaubrennerei zu erkunden. Mit etwas Glück findet auch gerade eines der wunderschönen Konzerte in der Klosterkirche statt.

Am Abend kann man sich dann in der Grafschaft Kloster Zinna wie ein echter Graf oder eine Gräfin fühlen (www.grafschaft-kloster-zinna.de). Die gemütlichen Ferienwohnungen sind liebevoll mit Biedermeier-, Rokoko- und Barockmöbeln aus der Region eingerichtet. Nach einem Besuch in der Sauna geht es am nächsten Morgen ausgeruht zurück auf die Flaeming-Skate, die direkt hinterm Haus verläuft. Durch die unberührte Natur führt der Weg über das Örtchen Grüna zurück zum Bahnhof Jüterbog.

FAZIT: EIN WOCHENENDE AUF DEN SPUREN DER GESCHICHTE MIT ZAUBERHAFTER UNTERKUNFT – WIE BEI GRAFEN.

Hin & weg: Von Berlin-Hauptbahnhof mit dem RE3 nach Jüterbog.

Beste Zeit: Ganzjährig; wem Kälte nichts ausmacht, der kann auch im Winter kommen, denn die Flaeming-Skate wird schneefrei gehalten (dann aber warm anziehen – der Wind kann kalt sein!).

Dauer & Strecke: 2 Tage, ca. 18 km.

Ausrüstung: Fahrrad, Proviant für unterwegs und für den Abend, in den Ferienwohnungen kann gekocht werden.

Wenn es Nacht wird: Die herrlichen Ferienwohnungen in der Grafschaft Kloster Zinna laden zum Träumen und Saunieren ein.

HERBST–GOLD

... Radtour von Lübbenau nach Schlepzig

Skandinavischer Herbst? Genau so wirkt der Spreewald auf dieser Route durch den Barzlin und die Fischteichlandschaft. Pro Strecke sind es 34 Kilometer, daher bietet sich eine Übernachtung in Schlepzig an. Es liegt abseits des Touristenstroms im malerischen Unterspreewald.

#Spreewald #Spätsommerglück #Wasserlandschaft

MINIURLAUB

Start der Tour ist am Bahnhof Lübbenau. Wem die Strecke zu weit ist, startet in Lübben und spart einige Kilometer.

Links die Bahnhofstraße entlang, nach rechts in die Karl-Marx-Straße, links in die Gartenstraße und dann weiter geradeaus die Wiesenstraße entlang bis zur Stennewitzer Ringstraße, dieser folgen.

An der Zerkwitzer Kahnfahrt muss das Fahrrad ein paar Treppenstufen über das alte Wehr getragen werden, dann geht es weiter geradeaus am Hauptvorfluter entlang. An der Spree angekommen, diese überqueren. Der Weg führt nun als Holzbohlenweg quer durch den schönen Barzlin, eine geschützte Talsanderhebung in der Spreeaue. Schon vor 3000 Jahren soll hier eine slawische Siedlung existiert haben.

Den Burg-Lübbener-Kanal überqueren und rechts halten, links liegt nun das Auen- und Moorgebiet des Barzlin. Dem Nordumfluter nach links folgen und nach 500 Metern das Gewässer überqueren. Nun immer geradeaus auf der Postbautenstraße und Dammstraße, bis der Nordumfluter in Lübben erreicht ist. Am rechten Ufer des Nordumfluters immer gen Norden fahren. Der Sandweg ist gut befahrbar und führt durch naturbelassene Ge-

biete mit schönem Mischwald. An der Spree macht der Weg einen Knick und führt im Bogen weiter nach Norden. Kurz nach Überquerung stillgelegter Gleise der alten Spreewaldbahn folgt die Spreewälder Teichlandschaft, künstlich angelegt für die im Spreewald traditionsreiche Fischzucht.

Weite Aussichten, wenige Bäume, naturbelassene Wiesen und große Seen bieten nun ein ganz anderes Bild der Kulturlandschaft.

Im Herbst wähnt man sich in Skandinavien, Birken leuchten golden in der tief stehenden Sonne. Wer anhält, kann Karpfen, Hechte, Welse und Zander beim Planschen hören, teils tummeln sie sich direkt am Ufer. Weil das Nahrungsangebot groß ist, besucht der Fischadler diese Gegend häufig, auch Rot- und Schwarz-

milane und Pirole fühlen sich hier wohl. Der Weg nach Schlepzig macht um die Teiche herum einige Bögen, ist allerdings schlecht ausgeschildert, daher besser das Navi nutzen.

Im malerischen Schlepzig unbedingt am Großen Hafen eine Kahnfahrt in den Unterspreewald machen (www.grosserhafenschlepzig.de). Das Besondere: Die Fährmänner und -frauen tragen hier noch Tracht. Diese unterscheidet sich im Spreewald von Dorf zu Dorf teils erheblich.

Das Spreewaldresort Seinerzeit ist eine angenehme Unterkunft, das Brauhaus nebenan hat eine lange Tradition. Im Garten bietet der riesige Weidendom eine märchenhafte Sitzgelegenheit. Unbedingt bei den Spreewood Distillers (www.spreewood-distillers.com) vorbeischauen! Sie ist die erste Roggen-Whiskey-

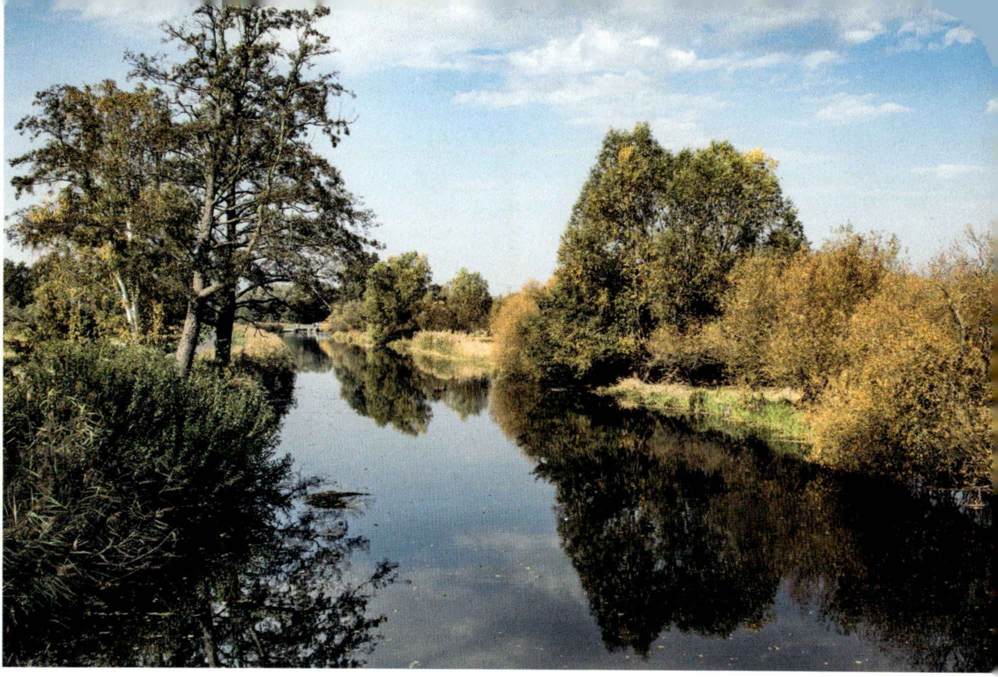

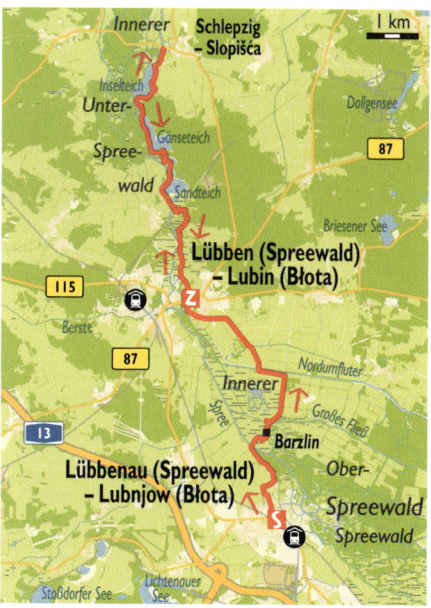

Ein ganz anderer Spreewald präsentiert sich nördlich von Lübben entlang der Fischteiche mit vielen offenen Flächen und Wiesen sowie Mischwald, der im Herbst besonders farbenfroh leuchtet.

Destillerie Deutschlands und nutzt das besondere Mikroklima des Spreewalds. Führungen mit Verkostung nach Anmeldung.

FAZIT: SCHÖNSTE HERBSTTOUR INS DORFLEBEN MIT WHISKEYVERKOSTUNG.

Hin & weg: Mit dem RE2 zum Bahnhof Lübbenau, von Lübben geht's ebenfalls mit dem RE2 zurück.

Beste Zeit: Am allerschönsten im Herbst.

Dauer & Strecke: Möglich als Kurztrip mit einer, entspannter mit zwei Übernachtungen; 37 km.

Ausrüstung: Fernglas für Vogelbeobachtung, Navigationsgerät (Handy).

Wenn es Nacht wird: Im Spreewaldresort Seinerzeit (www.seinerzeit.de) kann man nicht nur wunderbar schlafen, sondern wahlweise urig im traditionsreichen Brauhaus oder im schicken Restaurant satt werden.

WO WÖLFE HEULEN

... im Wildpark Johannismühle

#51

*Ein Besuch im über 100 Hektor großen
Wildpark Johannismühle im Baruther
Urstromtal lohnt sich zu jeder Jahreszeit.
Wenn sich die Blätter bunt färben, die
warme Herbstsonne scheint und die
Hirsche röhren, ist es besonders schön,
durch den riesigen Freilauf zu streifen.*

Nachts, wenn alle Besucher den Wildpark Johannismühle verlassen haben und die Wölfe heulen, sorgt ein Spaziergang für Nervenkitzel.

Gestartet wird am Bahnhof Klasdorf. Die Schienen über die Fußgängerbrücke überqueren und bis zur Bundesstraße laufen. Auf der gegenüberliegenden Straßenseite der Straße Johannismühle folgen. Verlaufen kann man sich auf dem schnurgeraden Weg nicht. Die Strecke führt einen knappen Kilometer, meist ohne Schatten, durch die Weiden des Wildparks. Häufig trifft man hier bereits auf Przewalski-Pferde, die auf den Wiesen grasen.

Der Wildpark Johannismühle liegt nun vor einem. Bereits vor Betreten des Parks ist im Herbst das Röhren der Hirsche zu hören.

Die Eiszeit hat die abwechslungsreiche Landschaft des Baruther Urstromtals geprägt. So spaziert man heute im Wildpark Johannismühle durch eine einzigartige Wiesen-, Teich- und Waldlandschaft.

Auf dem 3,2 Kilometer langen Rundweg bummelt man durch das riesige Freilaufgehege für Rot-, Damm- und Muffelwild, das 80 Prozent des Wildparks ausmacht. Kienäpfel knirschen unter den Füßen, in der Ferne ruft ein Uhu.

Hin & weg: Der RE5 Rostock–Elsterwerda hält neunmal am Tag am Bahnhof Klasdorf, die 900 m zum Wildpark zu Fuß.

Beste Zeit: Ganzjährig, am schönsten im Herbst, Öffnungszeiten beachten.

Dauer: 1–2 Tage.

Ausrüstung: Fernglas, Kleingeld für die Futterautomaten. Wer nicht in der Gaststätte Kastaniengarten im Wildpark essen möchte, bringt sich die Verpflegung selbst mit. Kochen kann man in der Küche der Ferienwohnung.

Wenn es Nacht wird: Ganz alleine durch den Wildpark wandern und den Tieren lauschen. Danach geht es ins gemütliche Bett der Ferienwohnung. Mehr unter www.wildpark-johannismuehle.de

Die Hausesel freuen sich über Streicheleinheiten. Sie leben in guter Nachbarschaft mit anderen Haustierarten des Wildparks.

Ständig wechseln sich die Landschaftsformen ab. Es geht durch Schonungen, vorbei an hohen Kiefern, durch bunt beblätterte Mischwälder, über Trockenrasen zu Feuchtbiotopen. Mit etwas Geduld kann man hier auch Braunbären, Wölfe, Luchse oder Adler entdecken.

Entlang der Schwarzwild- und Wisentgatter und dem Wildschweingehege, in dem im Herbst niedliche Frischlinge toben, geht es weiter zum großen Futterplatz. Um kurz nach zwölf sammeln sich hier besonders viele Mufflons und Schwarz-, Rot- und Dammwild zur öffentlichen Fütterung. An den Picknicktischen kann man den Trubel beobachten und sich mit dem mitgebrachten Proviant stärken.

Nur noch moosbewachsene Fundamente in der Mitte des Parks zeugen von der alten Johannismühle. In den Häuschen an der Futterwiese befinden sich vier zweckmäßige Ferienwohnungen. Eine davon wird das Zuhause für diese Nacht. Wolfsgeheul beim Gläschen Wein auf der Terrasse und Parkspaziergänge außerhalb der Öffnungszeiten sind inklusive.

Unbedingt am Karpfenteich 20 Cent gegen Futter tauschen und über das aufgewühlte Wasser staunen. Man würde sich nicht wundern, wenn die Fische auf den Steg sprängen. Lohnenswert ist auch ein Spaziergang durch das Arboretum. Im Baumgarten sieht man Gehölze der nördlichen Halbkugel, die nach der Eiszeit hier heimisch waren oder heute in unserer Hemisphäre wachsen. An vielen Stellen vermitteln interaktive Stationen Wissen über Bäume. Nicht nur für Kinder spannend.

FAZIT: NACHTS IM WILDPARK DEN TIEREN ZU LAUSCHEN SORGT FÜR GÄNSEHAUT UND GLÜCKSGEFÜHLE.

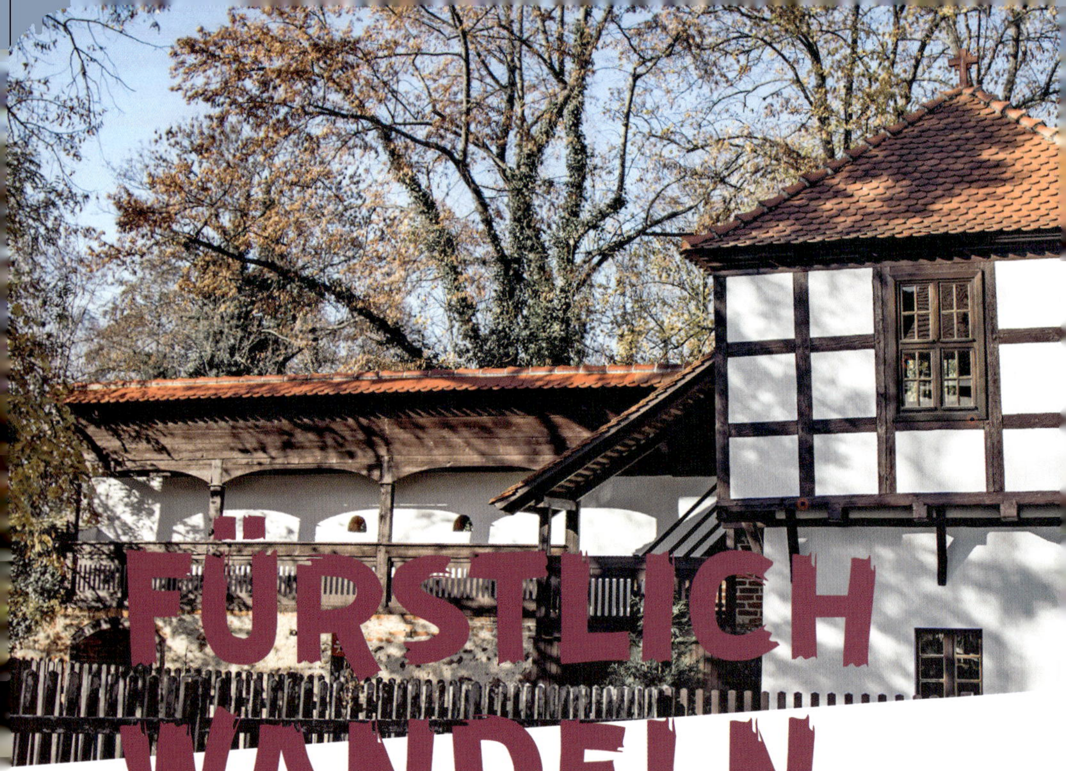

FÜRSTLICH WANDELN

… in Fürstlich Drehna und Luckau

#52

Das hübsche Städtchen Luckau, niedersorbisch Łukow, war einst Hauptstadt der Niederlausitz. Am Rande des Spreewalds bietet die übersichtliche Innenstadt, die von einer zwei Kilometer langen und fast vollständig erhaltenen Stadtmauer umgeben wird, gleich mehrere Highlights.

#Spreewald #Märchenschloss #Stadtspaziergang

So dörflich Luckau auf den ersten Blick scheinen mag: Viele beeindruckende Gebäude erzählen spannende Geschichten über den kleinen Ort am Rande des Spreewaldes.

Start ist am Marktplatz Luckau. Die beste Aussicht auf die schmucken, barocken Giebelhäuser aus dem 17. Jahrhundert bietet der alte Hausmannsturm an der Georgenkapelle, die beachtliche 800 Jahre auf dem Buckel hat. Den Schlüssel und einen Stadtplan erhält man in der Touristeninformation in der Nonnengasse 1 neben der Kulturkirche, die einst zum ehemaligen Dominikanerkloster gehörte und heute das Niederlausitzer Museum beherbergt. Das große Gebäude nebenan, heute Kreisarchiv, war bis zum Jahr 2005 Justizvollzugsanstalt, hier war einst Karl Liebknecht inhaftiert. Einige Zellen kann man heute noch besichtigen, nebenan befindet sich ein sehenswertes Cartoonmuseum (www.cartoonmuseum-brandenburg.de).

Vom Markt geht es über die Kirchstraße zur Sankt-Nikolai-Kirche (www.kirche-luckau.de), einst Wallfahrtskirche mit mittelalterlichen Ursprüngen. Der Wiederaufbau nach einem Brand Ende des 17. Jahrhunderts erfolgte im Barockstil, verzierte Logen und eine Doppelwendel-

Kopfsteinpflaster führt durch das überschaubare Örtchen Fürstlich Drehna mit seinen alten Häusern und einer Brauerei aus dem 18. Jahrhundert.

treppe vervollständigen das üppige Innere. Die beeindruckende Donat-Orgel bekommt insbesondere am 25. Dezember jedes Jahres ihren großen Auftritt, wenn hier die Frühmesse wie im 14. Jahrhundert gefeiert wird – ein ganz besonderes Erlebnis.

Ein kleiner Schlenker über die Schulstraße führt zur Stadtmauer aus dem 13. Jahrhundert mit dem Napoleonhäuschen, in dem einst Napoleon Bonaparte nächtigte.

Am Stadtgraben geht es gen Osten am Schlossberg vorbei, frühes Zeugnis einer alten Burgbesiedlung durch die Lusitzi, slawische Vorfahren der Sorben. Über die Nordpromenade gelangt man an der Kulturkirche vorbei zum Roten Turm, einst im Mittelalter einer der wenigen Zugänge zur Stadt. Aus dieser Zeit existieren noch mehrere unterirdische Ge-

wölbekeller, von denen einer heute das ausgezeichnete Restaurant Ratskeller am Marktplatz (www.ratskeller-luckau.com) beherbergt. Besser vorher reservieren, denn das Restaurant ist auch bei Einheimischen sehr beliebt und gut besucht.

Aber nicht zu viel essen und unbedingt noch in der Langen Straße Nr. 18 bei der Konditorei Klinkmüller (www.konditorei-klinkmueller.de) vorbeischauen, hier werden die schönsten und originellsten Törtchen des Spreewaldes und zur Weihnachtszeit besondere Stollen gebacken. Nachdem man sich mit einem Vorrat eingedeckt hat, geht es zur Unterkunft ins nahe gelegene Märchenschloss Fürstlich Drehna. Den Zusatz »Fürstlich« verdanken Ort und Schloss dem Grafen Moritz zu Lynar, dem der ursprüngliche Name Deutsch Drehna nicht standesgemäß genug war.

Das Schloss liegt in einem Park, der sich für Spaziergänge eignet. Tipp: Die Zimmer im ehemaligen Stallgebäude, in dem sich heute auch der kleine Wellnessbereich befindet, sind günstiger und fast schöner als im Schloss selbst.

Hin & weg: Nach Luckau geht es entweder vom Bahnhof Luckau-Uckro mit dem Bus 466 oder vom Bahnhof Lübben mit dem Bus 472. Wer in Fürstlich Drehna nächtigt, benötigt allerdings ein Fahrrad oder Auto, öffentliche Verkehrsmittel verkehren hier kaum.

Beste Zeit: Zu jeder Jahreszeit, im Winter locken schönes Licht und ein märchenhaft verschneiter Park. Infos unter www.luckau.de

Dauer: Besser 2 Nächte, um einen Tag Luckau zu entdecken und 2 Tage im Schloss zu entspannen.

Ausrüstung: Bade- und Saunasachen für den Wellnessbereich im Schloss.

Wenn es Nacht wird: Tief schlummern und träumen wie im Märchen in Fürstlich Drehna (www.schloss-drehna.de).

SONST NOCH WICHTIG

SCHLOSS WIESENBURG

SPREE-KAHN

FÖRDERBRÜCKE F60

Ein- und Überblick

Karten für den schnellen Überblick, praktische Tipps, mehr über die Autorinnen sowie ein Ortsregister zum schnellen Nachschlagen gibt es auf den folgenden Seiten.

GPX-Download aufs Smartphone – so geht's

Voraussetzung:

Eine Outdoor-App muss installiert sein, z. B. KOMPASS, Outdooractive oder komoot. Zum Einlesen des QR-Codes benötigen Android-Geräte eine QR-Code-App. Bei iOS-Geräten ist diese Funktion in der Kamera integriert.

Daten downloaden:

1. Den QR-Code einlesen oder die Webadresse im Browser eingeben, um auf die Eskapaden-Website zu gelangen.
2. Die gewünschte Tour zum Download anklicken.
3. Bei iOS-Geräten werden die GPX-Daten direkt mit der vorab installierten App verknüpft. Bei Android-Geräten muss ggf. noch ein Weiterleiten-Button geklickt werden (z. B. oben rechts im Display). Manche Apps zeigen den Tourverlauf starr an, andere verfügen über eine Navigationsfunktion.

Tourenverlauf

GPX-Daten zum
kostenlosen Download
www.dumontreise.de/
eskapaden/flaeming-
niederlausitz-spreewald

short.travel/9t1h9

Auf den folgenden Seiten: Die Eskapaden im Fläming, in der Niederlausitz und im Spreewald in drei Übersichtskarten. Die Ziffern stehen für die Eskapaden-Nummern.

10 km

POLEN

DEUTSCHLAND

Gubin

Guben

28

Forst (Lausitz)

12

Łeknica

Weißwasser/O.L.– Běła Woda

I5

Peitz – Picnjo

34

Cottbuser Ostsee

Neuendorfer Teich

13

Cottbus – Chóśebuz

Lieberose

36

31

20

Spremberg – Grodk

Talsperre Spremberg

Dreblau – Drjowk

18

2

Vetschau (Spreewald) – Wětošow (Błota)

32

Welzow – Wjelcej

30

24

26

44

Calau – Kalawa

Großkörisser See

Groß Leuthener See

Schwielochsee

21

16

41

Großräschen

Senftenberg – Złý Komorow

46

Schlepzig

50

Sedlitzer See

Partwitzer See

Lauta

Lübben (Spreewald) – Lubin (Błota)

Köthener See

Lübbenau (Spreewald) – Lubnjow (Błota)

Schmoldow

Beckdorfer See

Schwarzheide

Neuendorfer See

Drewitzer See

Schmöckwitzer See

Ruhland

52

Luckau

17

Schönwalder See

Poßljsee

5

8

13

I3

Goßen

Finsterwalde

29

Sonnewalde

10

51

Doberlug-Kirchhain

15

Elsterwerda

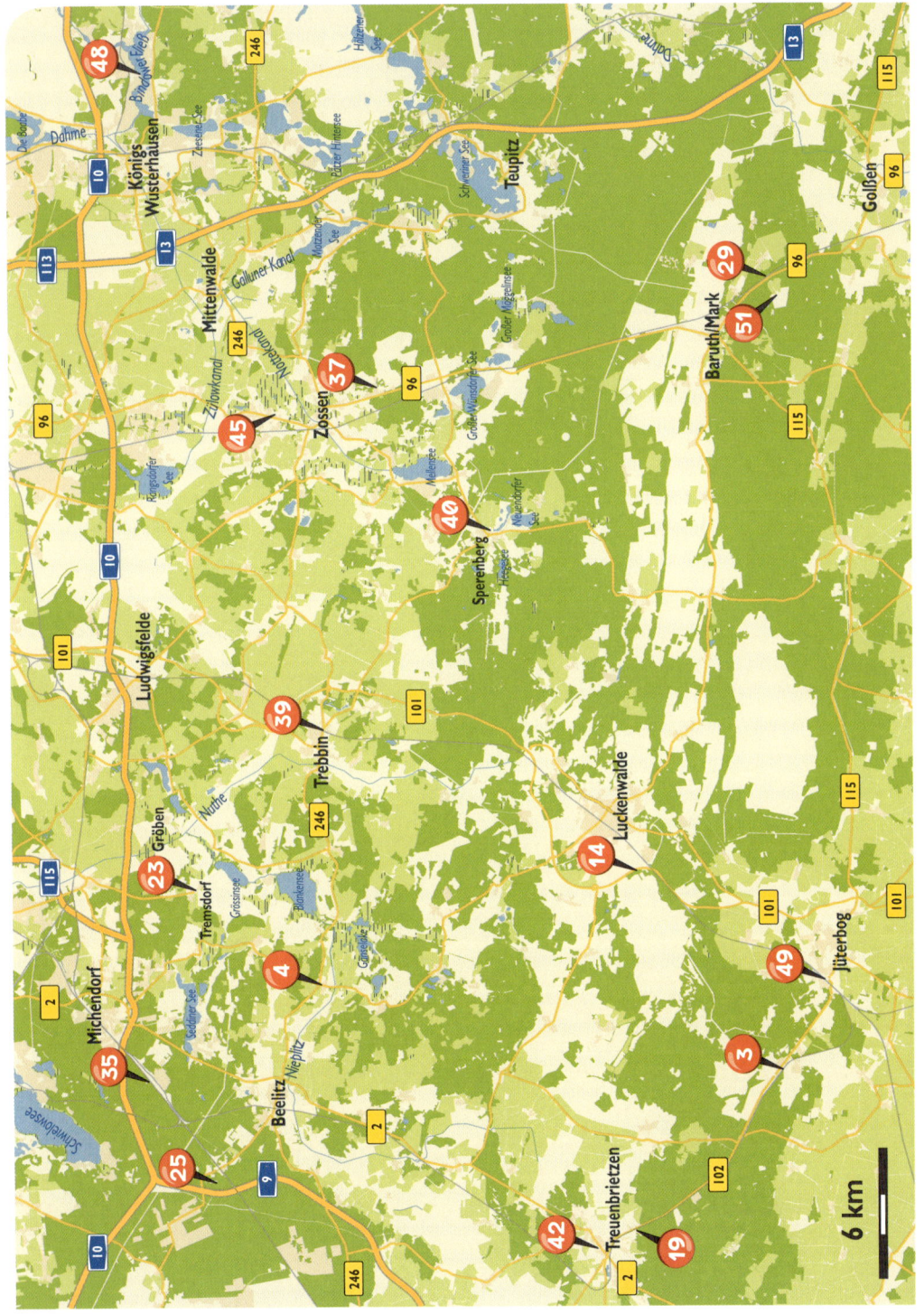

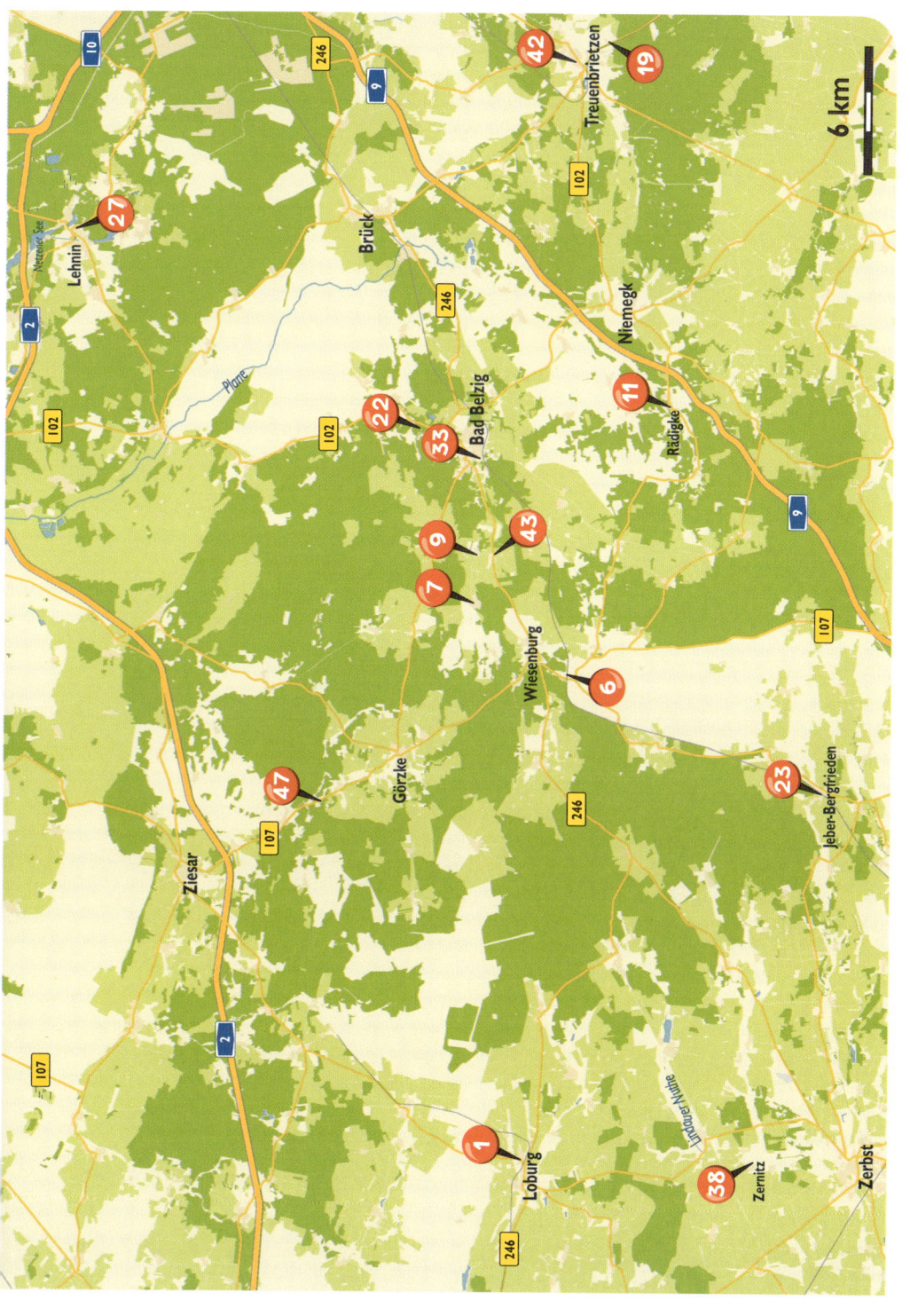

NOCH MEHR ESKAPADEN ...

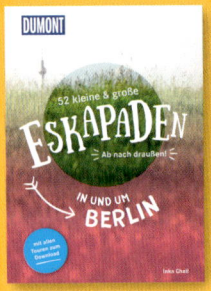
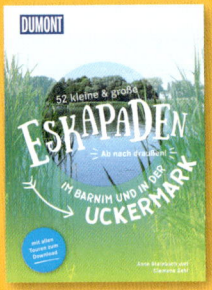
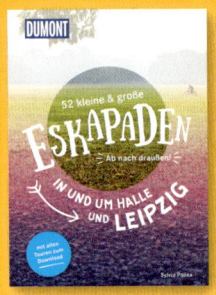

ISBN 978-3-7701-8080-6   ISBN 978-3-616-11007-3   ISBN 978-3-7701-8074-5

... erhalten Sie im gut sortierten Buchhandel
und unter www.dumontreise.de

IMPRESSUM

Reihenkonzept Monique Sorban

Projektmanagement Svenja Heinle

Cover-/Buchgestaltung & Illustrationen Carolin Weidemann, Köln, www.weidemann-design.com

Layout & Satz Sieveking • Agentur für Kommunikation, München, www.sieveking-agentur.de

Lektorat Dr. Katrin Korch, Baden-Baden, www.literatur-und-mehr.de

Texte & Fotos Inka Call, Berlin (#2, 5, 8, 10, 12, 13, 15–18, 20, 21, 24, 26, 28, 30–32, 34, 36, 41, 44, 46, 48, 50, 52); Laura Schneider, Treuenbrietzen (#1, 3, 4, 6, 7, 9, 11, 14, 19, 22, 23, 25, 27, 29, 33, 35, 37–40, 42, 43, 45, 47, 49, 51); mit folgenden Ausnahmen: Florian Horn, Berlin (S. 44 l., 45 o.); Steven Ritzer, Borkwalde (S. 5 u., 231 r.); iStock.com/ewg3D (Titelseite)

Kartografie © KOMPASS, Innsbruck, unter Verwendung von Kartendaten von OpenStreetMap-Mitwirkende, Lizenz CC-BY-SA 2.0

Printed in Poland

3. Auflage 2022
© 2020 DuMont Reiseverlag, Ostfildern
ISBN 978-3-616-11013-4

www.dumontreise.de

MIX
Paper from
responsible sources
FSC® C139602

love
Freiheit.

Weiterlesen

»Lieblingsplätze Spreewald« mit den interessantesten Orten des Spreewalds. »Reiseplaner Fläming – einfach mal raus! Tagesausflüge, Wochenendtrips und Kurzreisen.« Kann kostenlos über www.reiseregion-flaeming.de bestellt werden. »Das Brandenbuch« mit vielen Fakten, Zahlen und Schmökertipps zum Bundesland. Erhältlich bei der Landeszentrale für Politische Bildung.

Geschmackssachen

Kennen alle: Spreewälder Gurken. Außerdem gehören im Spreewald Plinse auf die Speisekarte, ein Eierkuchen aus Hefeteig (#21 und #41). Im Fläming und in der Lausitz mittlerweile wiederentdeckt ist der Klemmkuchen, eine keksähnliche, über offenem Feuer mit dem Klemmeisen gebackene Waffel (#49).

Ohne Auto

Züge und Busse in Brandenburg werden vom Verkehrsverbund Berlin-Brandenburg (www.vbb.de) unterhalten. Mit dem Berlin-Brandenburg-Ticket kann man zum Sparpreis durch ganz Berlin und Brandenburg fahren (ab 9 Uhr). In den Regionalzügen gibt es Fahrradwagen. Sicherheitshalber sollte man Kleingeld für die Fahrkarte dabei haben, denn in manchen Zügen ist keine Kartenzahlung möglich.

GUT ZU WISSEN ...

Sicherheit & Notfälle

Zentrale europäische Notrufnummer ist die 112 – gebührenfrei aus allen Netzen, auch mobil, erreichbar. Feuerwehr und Rettungsdienste werden so alarmiert. Waldbrandwarnstufen beachten und Rauchsichtungen melden!

Vor Ort im Netz

Inspiration unter www.lausitzerseenland.de, www.reiseregion-flaeming.de und www.spreewald.de; spannende Fahrradausflüge und Tourentipps unter www.wecyclebrandenburg.com

ESKAPADEN-REGISTER ...

Alle Orte mit Seitenverweisen

INKA SCHALL

LAURA SCHNEIDER

≳ ... über die Autorinnen ≲

Inka wählte vor über 20 Jahren die Stadt als ihre Heimat, in der ihr Großvater aufwuchs, der so gerne Geschichten erzählte und mit seiner Berliner Schnauze dichtete wie Heinrich Zille. Das Geschichtenschreiben ist seit damals ihre Leidenschaft, die Fotografie kam erst später dazu. Sie läuft gerne und oft durch Berlin und Brandenburg, mag Bäume, Fernwanderungen und Schnee. Die polaren Gebiete dieser Erde sind deshalb auch ihre zweitliebsten Regionen, gleich hinter Brandenburg. Über ihre Reisen durch die Welt und vor der Haustür bloggt sie auf www.blickgewinkelt.de

Laura stromerte schon als Kind durch die weiten Wälder und Felder des Flämings. Nach einer kurzen Liaison mit der Hauptstadt stellte sie schnell fest, dass es »janz weit draußen«, wie die Brandenburger sagen, am schönsten ist. Immer auf der Suche nach neuen Geschichten, entdeckt Laura mit der Kamera in der Hand die neuen kreativen Orte, die überall im Fläming entstehen, streift durch die Natur und sammelt Lieblingsplätze. Auf ihrem Reiseblog www.herzanhirn.de berichtet sie von ihren Reisen durch die Welt, gewürzt mit einer großen Prise Brandenburg.

Tiefenentspannt

Eskapade #2: Im Spreewald ist der Kahn das typische Fortbewegungsmittel. Mal ganz anders und fast schon meditativ geht es in dieser Eskapade auf dem Stand-up-Paddle-Board durch die weite, tiefgrüne Natur.

Lost Place

Eskapade #10: James-Bond-Feeling! Schon seit seiner Stilllegung 1992 rostet das älteste Braunkohlewerk Europas inzwischen langsam vor sich hin. Heute kann man die originalen Maschinen und Schaltwerke bei einer spannenden Tour besichtigen.

5 BESONDERE EMPFEHLUNGEN ...

Für Kreative

Eskapade #29: Wer auf der Suche nach neuen Lieblingsplätzen ist, sollte sich den zauberhaften Bahnhof Klasdorf und das gemütliche Museumsdorf Glashütte nicht entgehen lassen. Hier gibt es genug Platz zum Tanzen und Träumen und ausreichend Raum für kreative Ideen.

Juchzen & Jodeln

Eskapade #23: Jodeln in Brandenburg? Das funktioniert wunderbar auch ohne Berge und Jodeldiplom im Fläming. Bei der geführten Tour wird Kräuterwandern mit Jodeln kombiniert, gejuchzt und gejauchzt und viel über die heimische Kräuterwelt gelernt. Spaß garantiert!

Radelglück

Eskapade #41: Die schönsten Ecken des Unterspreewalds findet man abseits der Touristen-Hotspots: eine Entdeckungsreise in die besondere Flusslandschaft zu typischen alten Blockbohlenhäusern, alten Mühlen und Wirtschaften – leckeres regionales Essen inklusive.